Lara Venghaus
Michael Hoyer (Hrsg.)

Das Universitätsorchester Bielefeld 1974 - 2024

Das Universitätsorchester Bielefeld
1974 – 2024

Lara Venghaus

Michael Hoyer (Hrsg.)

Bibliografische Information der Deutschen Nationalbibliothek: Die Deutsche Nationalbibliothek verzeichnet diese Publikation in der Deutschen Nationalbibliografie; detaillierte bibliografische Daten sind im Internet über http://dnb.dnb.de abrufbar.

Gestaltung des Covers: Markus Paulußen
Layout: Isaak Dieme
Bildnachweise: Sebastian Hoffmann (S. 25, 26, 27), Norma Langohr (S. 59, 134),
Markus Paulußen (S. 125), Renate Türoff (S. 152)

Verlag: BoD · Books on Demand GmbH, In de Tarpen 42, 22848 Norderstedt,
bod@bod.de

Druck: Libri Plureos GmbH, Friedensallee 273, 22763 Hamburg

ISBN: 978-3-7693-1508-0

Inhaltsverzeichnis

VORWORT

Die Geschichte des Universitätsorchesters Bielefeld begann im Oktober 1974, als ein Zivildienstleistender (Oboe), ein Physiker (Viola) und ein Jurastudent (Kontrabass) nach einer Möglichkeit gemeinsamen Musizierens suchten. Was ein wenig anmutet wie eine Wiederholung der Geschichte der Comedian Harmonists seinerzeit in Berlin, war auf dieselbe Weise auch in Bielefeld erfolgreich. Dem über Handzettel verbreiteten Aufruf folgten 15 Instrumentalisten, die am 11. Dezember 1974 in einer ersten offiziellen Probe das „Junge Kammerorchester Bielefeld" gründeten.

Heute, fünfzig Jahre nach diesem Ereignis, blickt das Universitätsorchester auf eine reiche Geschichte zurück. Es hat sich als Sinfonieorchester der Universität Bielefeld etabliert. Personell ist das Universitätsorchester – wie schon zum Zeitpunkt seiner Gründung – bunt gemischt. Studierende und Beschäftigte der Universität Bielefeld sowie der Fachhochschule machen unter seinen Mitgliedern die größte Gruppe aus; das Skelett jedoch wird aus weniger fluktuierenden Massen gebildet, nämlich aus Berufstätigen verschiedenster Beschäftigungszweige, die oftmals während ihrer Studienzeit dem Orchester beitraten und nun durch ihr größeres Beharrungsvermögen das Erfahrungspotential des Orchesters sichern. Aber auch Schüler, Rentner, Geflüchtete, ehemalige Berufsmusiker und andere bereichern die Vielfalt des Ensembles, dessen Heterogenität seine vielleicht fruchtbarste Eigenschaft darstellt. Die Gleichstellung von Frauen und Männern, Integration, Inklusion und Diversität, Themen, die in den vergangenen Jahren immer stärker in die öffentliche Aufmerksamkeit rückten, wurden im Universitätsorchester von Beginn an gelebt.

Diese fruchtbare Heterogenität spiegelt sich auch in der vorliegenden Festschrift zum 50. Jubiläum wider. Die Herausgeber haben bewusst auf einheitliche Vorgaben zur Textgestalt verzichtet, um jedem Autor Raum zur freien gedanklichen Entfaltung in der selbst gewählten Form zu gewähren. In seinem maßgeblichen Aufsatz „Der Essay als Form" hat Theodor W. Adorno die notwendige Durchdringung von Form und Inhalt herausgestellt, und dieser sollen in unserem Buch keine äußeren Vorgaben entgegenstehen.

Es wäre ein großes Vorhaben gewesen, die gesamte Geschichte des Orchesters aufzubereiten. Insbesondere durch geringe personelle Kapazitäten war es uns nicht möglich, diesen Wunsch in die Tat zu setzen, und so können die in dem vorliegenden Band versammelten Texte vor allem Schlaglichter auf einzelne Aspekte der Orchesterarbeit an der Universität Bielefeld werfen sowie Anregungen bieten, um Forschungsinteressen auf diesen Gegenstand zu richten. Das Archiv der Universität bietet einige Quellen, deren Betrachtung lohnen würde, und wir sind Martin Löning sehr dankbar, dass er uns einen umfangreichen Einblick in die vorhandenen Dokumente gewährte.

Unseren Autoren gilt unser herzlichster Dank für ihr Engagement; ohne sie wäre diese Festschrift sicher nicht in so kurzer Zeit entstanden. Auch den vielen Gesprächspartnern aus dem Orchester sowie den langjährigen Mitgliedern, die ihre Archive und Aufzeichnungen zur Verfügung stellten, um die Historie zu rekonstruieren, sei herzlich gedankt. Desgleichen möchten wir unseren Förderern danken, der Universitätsgesellschaft

Bielefeld, die das Orchester von Beginn an unterstützte, sowie der Sparkasse Bielefeld, der Rudolf-August-Oetker-Stiftung sowie der Bielefelder Bürgerstiftung. In sichtbarer Gestalt tritt unseren Hörern und Lesern die Zuwendung von Markus Paulußen entgegen, der den Einband dieses Buches gestaltete und dem an dieser Stelle zugleich für seine langjährige fotografische Begleitung gedankt sei.

Detmold, im Februar 2025
Lara Venghaus & Michael Hoyer

Grußwort von Prof. Dr. Angelika Epple

Rektorin der Universität Bielefeld

Schon Friedrich Nietzsche wusste es bekanntlich: „Ohne Musik wäre das Leben ein Irrtum" – und daran hat sich bis heute nichts geändert. Das gilt allerdings nicht für die Rahmenbedingungen des Musizierens. Früher war es in den gebildeteren Schichten selbstverständlich, ein Instrument zu lernen und mit anderen zusammenzuspielen (insbesondere den Medizinern wurde das nachgesagt). Heute war es noch nie so einfach, jederzeit Musik aller nur denkbaren Richtungen zu hören – und das in höchster Perfektion und ganz ohne die Anstrengung eigenen Übens. Gleichzeitig war die Konkurrenz anderer attraktiver Freizeitmöglichkeiten vor allem für junge Leute nie so groß wie heutzutage. Da haben es eher traditionsbezogene Einrichtungen wie Laienorchester auch an Universitäten nicht ganz so leicht.

Trotzdem: Zur „third mission" der Hochschulen gehört nicht zuletzt die Kulturförderung, und natürlich braucht jede Universität, die etwas auf sich hält, auch heute noch ihre Musikensembles. Die Möglichkeit, als Studierende, Lehrende und weitere Beschäftigte gemeinsam mit anderen zu musizieren und aufzutreten, spielt auch eine wichtige Rolle für die corporate identity einer Universität. Noch wichtiger ist aber die große Freude, die genau dies vermittelt – und da spielt es dann keine Rolle, wenn auch mal der eine oder andere Ton daneben geht. Spannend ist es dabei nicht zuletzt, immer wieder anspruchsvolles Repertoire kennenzulernen, Neues, Ungewöhnliches, vielleicht sogar etwas Abseitiges zu entdecken.

Und die damit verbundene Neugier im besten Sinn des Wortes passt schließlich ganz besonders zu einer Universität, die ja per definitionem auf Erkenntnisgewinn ausgelegt ist.

Dies alles und sicher noch viel mehr lässt sich seit nunmehr 50 Jahren im Sinfonieorchester der Universität Bielefeld erleben. Aus fast unscheinbar zu nennenden Anfängen hat sich eine Institution entwickelt, die aus der Universität nicht mehr wegzudenken ist. Dass dies gelungen ist, dazu gehörte und gehört weiterhin ein ganz erhebliches Maß an Idealismus und Engagement bei allen Beteiligten, ganz besonders aber beim Leiter des Orchesters Herrn Hoyer, der diese Aufgabe seit schon über 40 Jahren erfüllt. Ich gratuliere allen, die sich für das Orchester engagieren, ganz herzlich zu diesem runden Geburtstag. Zugleich danke ich allen Beteiligten für die geleistete Arbeit und wünsche viel Erfolg für die kommenden Jahrzehnte. Allen Zuhörer:innen jetzt aber erst einmal viel Freude beim heutigen Festkonzert! Der große Dirigent Thomas Beecham meinte einmal in heiliger Nüchternheit: „Das Wichtigste ist: zusammen anfangen und zusammen aufhören." Sie dürfen sicher sein, dass das Universitätsorchester Bielefeld heute deutlich mehr zu bieten hat als nur das!

Prof. Dr. Angelika Epple

Rektorin der Universität Bielefeld

Grußwort von Pit Clausen

Oberbürgermeister

Liebe Freundinnen und Freunde der Musik, liebe Mitglieder des Universitätsorchesters Bielefeld,

Ein halbes Jahrhundert Universitätsorchester Bielefeld! Fünf Jahrzehnte voller Musik, Engagement und kultureller Bereicherung – das ist ein stolzer Anlass für ein Festkonzert.

Seit seiner Gründung im Jahr 1974, als eine Handvoll musikbegeisterter Menschen die Idee eines Orchesters ins Leben riefen, hat sich das Universitätsorchester zu einem festen Bestandteil der kulturellen Landschaft unserer Stadt entwickelt. Mit seiner besonderen Mischung aus Studierenden, Universitätsangehörigen und Berufstätigen aus den unterschiedlichsten Bereichen repräsentiert es gelebte Vielfalt und die verbindende Kraft der Musik.

Das Orchester steht für die Leidenschaft, Musik nicht nur hören zu wollen, sondern sie gemeinsam zu gestalten. Unter der professionellen Leitung seiner Dirigenten hat es sich der großen Bandbreite sinfonischer Literatur verschrieben – von Mozart bis zur Moderne, von bekannten Meisterwerken bis hin zu selten gespielten Schätzen. Mit seiner Offenheit für Opernprojekte, Kammermusik und Kooperationen mit renommierten

Künstlerinnen und Künstlern hat das Ensemble immer wieder neue musikalische Horizonte erschlossen.

Ein besonderer Dank gebührt all jenen, die das Orchester in den vergangenen 50 Jahren unterstützt haben: den Förderinnen und Förderern, der Universität Bielefeld, der Westfälisch-Lippischen Universitätsgesellschaft sowie den unermüdlichen Mitwirkenden auf und hinter der Bühne. Ihre Begeisterung und Ihr Einsatz haben dieses Jubiläum erst möglich gemacht.

Herzlichen Glückwunsch und auf die nächsten 50 Jahre voller Inspiration, Leidenschaft und klingender Begegnungen!

Pit Clausen, Oberbürgermeister

Uraufführungen im Universitätsorchester Bielefeld

Eva Schmale

Bereits kurze Zeit nach seiner Gründung (1974) stellte sich das Universitätsorchester Bielefeld im Wintersemester 1989/90 erstmals der Herausforderung, seinem Konzertpublikum eine Uraufführung zu präsentieren. Die Komposition „Romantische Konzertmusik" von Sebastian Hoffmann, der damals selbst Mitglied des Orchesters war, erblickte in diesem Semester das Licht der Welt. Zu dieser Zeit durfte ein Gremium, bestehend aus Orchestermitgliedern, Vorschläge des künstlerischen Leiters (in diesem Fall Dr. Michael Hoyer) bezüglich des Programms annehmen oder ablehnen – ein wahres Kompliment an den Mitstreiter, dass besagtes Gremium sich dafür entschied, die „Romantische Konzertmusik" aufführen zu wollen. Bei einer einzigen Uraufführung sollte es in der Geschichte des Universitätsorchesters jedoch nicht bleiben: im Sommersemester 2013 wurde „Shapes of Desire", ein Konzert für Klarinette und Orchester des Komponisten Itai Sobol mit der ebenfalls aus Israel stammenden Gil Shaked-Agababa als Solistin, dargeboten. Nur fünf Jahre später, im Sommersemester 2018 wurden schließlich die „8 Orchesterlieder nach Georg Trakl", komponiert vom Orchesterleiter Dr. Michael Hoyer, uraufgeführt. Damals gab es keinen speziellen Anlass, sich ans Komponieren zu wagen, ein solcher war auch gar nicht nötig, das Uraufführen eines Musikstücks allein ist dafür genug!

Etwas weniger als eine Handvoll Kompositionen durften bereits vom Universitätsorchester erstmalig der Welt präsentiert werden – und es sollen

noch mehr werden! Doch Uraufführungen sind nicht die einzigen Beson-
derheiten im Repertoire des Orchesters. Neue Instrumentationen und Be-
arbeitungen von bereits bestehenden Werken sind ebenfalls zum ersten
Mal in dieser Form in den Konzertsaal gelangt. Faurés „Fantaisie pour
Flute et Piano" erlebte ihre erste Aufführung im Konzert des Sommerse-
mesters 1986, eines der Improperien Palestrinas im Sommer 1997 und
einige Canzoni von Cilea, Puccini und Leoncavallo im Sommer 2022;
sämtlich entstammen sie der Werkstatt des Orchesterleiters.

Doch wie fühlt es sich eigentlich für die Musizierenden selbst an, ein Stück
uraufzuführen, und was denken diese über eine solche Besonderheit in
einem Konzert? Im Gespräch mit aktuellen Mitgliedern wurde eines
schnell klar: Gleich ob in der etablierten Literatur oder in Bezug auf eine
Uraufführung, sie sehen sich als Team – nicht der oder die Einzelne hat
zu brillieren, erst wenn alle zusammenarbeiten und die Musik nicht mehr
nur aus Bruchstücken besteht, sondern sich zum Gesamtwerk zusam-
menfügt, kann das Orchester dem Publikum ein wohltuendes Klangereig-
nis darbieten. In einem Orchester spielen „ist wie ein Teamsport, nur
gemeinsam können wir zum Erfolg gelangen" (Daria, Violoncello). „Natürlich muss jeder und jede von uns zu Hause besonders knifflige Stellen
aufmerksam einstudieren" (Jona, 2. Geige). Manche Sachen muss man
sich selbst erarbeiten, bevor sie im Zusammenspiel gelingen. Doch bei der
Probe selbst, in der bei den Streichern Auf- und Abstriche vereinbart und
weitere Feinheiten unter den Musizierenden aufeinander abgestimmt
werden, wird der Gesamtklang und die Wirkung der Komposition spür-
bar. Eigentlich ist es bei einer Uraufführung „wie bei jedem anderen Stück
auch, nur dass man sich zu Hause beim Üben keine Aufnahme von

anderen Orchestern anhören kann, um einen Eindruck zu bekommen, wie genau es sich am Ende anhören soll" (Jona, 2. Geige).

Es ist immer ein besonderes Erlebnis, ein Werk erstmalig aufführen zu dürfen – gewissermaßen eine Ehre –, wenn ein Komponist oder eine Komponistin dem eigenen Orchester die Aufgabe zutraut oder ein Werk unter Umständen sogar eigens für dieses komponiert hat. Dabei ist es nebensächlich, ob jemand bereits von Beginn an oder erst seit kurzem im Orchester dabei ist, schließlich ist es für alle das erste Mal, das Stück aufzuführen. Jedoch haben andere Werke, die schon tausende Male auf dem Spielplan standen, ebenfalls oft einen enormen künstlerischen Anspruch, und der Druck für die Musizierenden ist immens hoch, weil das Publikum schon vergleichbare Aufführungen gehört haben könnte und die Zuhörerinnen und Zuhörer vom Universitätsorchester nicht enttäuscht werden sollen. So gestaltet sich das Konzertprogramm von Semester zu Semester anders und setzt sich aus neuer sowie aus älterer, mehr oder weniger bekannter Musik zusammen. Werke, die uraufgeführt werden, verfügen dabei über die Besonderheit, dass sie häufig eigens für das Universitätsorchester erschaffen wurden, sie sind mitunter exakt auf die Stärken und Schwächen der Musizierenden abgestimmt und haben das Potenzial, das Beste aus ihnen herauszuholen.

Auch zum diesjährigen Jubiläum **50 Jahre Universitätsorchester Bielefeld** findet eine Uraufführung statt, der künstlerische Leiter Dr. Michael Hoyer hat sich diesen Anlass zu Herzen genommen und eine Komposition zu Papier gebracht, von der er genau weiß: Das kann mein Orchester leisten, mit dieser Musik lässt sich das Jubiläum gebührend feiern. Der Titel des Stücks lautet: „Was uns übrig blieb".

Was uns übrig blieb – Michael Hoyer

Nachdem der künstlerische Leiter des Universitätsorchesters Bielefeld, Dr. Michael Hoyer, bereits im Sommersemester 2018 die von ihm komponierten „Orchesterlieder nach Georg Trakl" zur Aufführung gebracht hatte, gab das Jubiläum dem studierten Sprach- und Musikwissenschaftler den Anstoß, erneut eine eigene Komposition für sein Orchester zu erschaffen. Seinen eigenen Worten zufolge war das für ihn weder Ehrensache noch Pflichtübung, vielmehr dache er sich einfach: „Das wäre mal ein Anlass, da kann ich mal ein bisschen was schreiben." Bei diesem Prozess hatte er keinerlei Geschichte oder Bilder im Kopf, die mit der Musik nachgezeichnet werden sollen, er komponiert Musik als autonomes Gebilde. Da das Werk explizit für das Universitätsorchester gedacht ist, spielte beim Komponieren auch die Überlegung eine Rolle, was dieses technisch leisten kann. „Natürlich schreibe ich da nichts hinein, wovon ich von vornherein weiß, dass das nicht realisierbar ist". Doch in erster Linie geht es für Hoyer um das zu Papierbringen eines stimmigen Gesamtwerks, die Frage der Ausführbarkeit ist zwar von hoher Bedeutung, aber dennoch dieser Absicht untergeordnet. Nach der Fertigstellung der Komposition erfolgt die abschließende Beurteilung, ob sie auch tatsächlich zur Aufführung geeignet sei. Es handelt sich bei „Was uns übrig blieb" formal um eine Art Ouvertüre und sieht, anders als die im Sommersemester 2018 aufgeführten Orchesterlieder, nicht die Mitwirkung eines Solisten vor.

„Im Prinzip ist das [Stück] angelegt wie eine kleine Rhapsodie oder dergleichen. [...] Es gibt so etwas ähnliches wie Themen." Es beginnt mit einer Melodie in den Celli, die im weiteren Verlauf ein bisschen abgewandelt und mit verschiedenen weiteren Stimmen kontrapunktiert wird. Dieser Teil ist „recht traditionell" gehalten. In einem zweiten Abschnitt erklingt ein anderes Thema, im dritten Abschnitt spielen die Bläser „eine Art Choral." Auch in diesem dritten Teil gibt es einige intermittierende Elemente. Unerwartet folgt im nächsten Abschnitt zitathaft so etwas wie ein Ländler, dieser wird aber „schnell wieder zerstört". In der Schlussphase des Werks tritt das erste Thema, das anfangs von den Celli vorgetragen wurde, mehr oder weniger reminiszenzartig erneut auf und versackt zügig wieder. – So viel zur Struktur des bislang unbekannten Stücks, das uns zum Jubiläumskonzert erwartet. Da viele Menschen Neue Musik mit ungewohnten, weniger harmonischen Klängen verbinden, stellt der Komponist im Gespräch klar: „Das ist nicht wirklich atonal, ich schreibe nicht atonal." Vielmehr sucht Michael Hoyer, eine Tonalität abseits der Dur-Moll-Harmonik zu implementieren, formal schreibt er also tonal, wenngleich seine Tonalität eine zuvor unbekannte, eigene ist.

Woher kommt nun aber der Titel „Was uns übrig blieb", was bedeutet er? Der Name bezieht sich auf die begrenzten Möglichkeiten heutiger Komposition im geschichtlichen Schaffensprozess. Die Musikgeschichte hat im Laufe der Zeit eine Vielzahl an Ausdrucksmöglichkeiten herausgebildet und ausgeschöpft. Also erläutert Hoyer, er habe die Musik nicht neu erfunden, stattdessen habe er die musikalischen Elemente, die „etablierten Ausdrucksmittel in wiedererkennbarer Verformung", in einen neuen Zusammenhang gebracht, wodurch ein komplett neues musikalisches Werk entstand. Er nimmt das, was ihm zur Verfügung steht, und organisiert es neu. Er bedient sich an dem, was ihm übrig blieb, um der Musik eine neue Form zu verleihen.

Alle in Anführungsstrichen angeführten Zitate entstammen einem am 01. Februar 2025 in Detmold geführten persönlichen Gespräch der Autorin mit Michael Hoyer.

„Romantische Konzertmusik"

Sebastian Hoffmann schuf die Komposition speziell für das Universitätsorchester Bielefeld, welches das Stück im Wintersemester 1989/90 ur-
aufführte. Er war damals – wie auch heute – selbst als Bratschist im
Universitätsorchester aktiv und wusste genau, welche musikalische Leistung es erbringen kann, deswegen war es ihm möglich, bei der Komposition der „Romantischen Konzertmusik" auf die Fähigkeiten der
Orchestermitglieder einzugehen. Durch den Kontakt zu den Musizierenden hatte Hoffmann die Gelegenheit, sich während des Kompositionspro-
zesses bei den Mitwirkenden rückzuversichern und Fragen zu stellen
wie: „Ist es okay, wenn ich auf diese und jene Art notiere?" Der Komponist
hat viel Zeit in die „Romantische Konzertmusik" investiert, schon allein
deswegen, weil er Partitur und Stimmen von Hand erstellen musste. Er
erschuf das Werk aus purer Freude am Komponieren. Diese entdeckte er
bereits im Jugendalter für sich, er musizierte zu dieser Zeit im Schulor-
chester und komponierte bereits für dieses das ein oder andere Stück. Einen besonderen, von außen ersichtlichen Anlass gab es nicht.

Gänzlich neu erfunden hat Sebastian Hoffmann die Musik in seiner Komposition nicht, es gibt Elemente, die in Ansätzen durch Kompositionen
von Paul Hindemith oder Béla Bartók inspiriert sind. Von diesen fließt die
Idee einer erweiterten, jedoch nicht aufgegebenen Tonalität in das Stück
ein. Der Titel der „Romantischen Konzertmusik" setzt sich aus zwei Teilen zusammen. Das Attribut „romantisch" will Sebastian Hoffman als An-
spielung auf die „Romantische Symphonie" von Anton Bruckner
verstanden wissen, welcher nachträglich eine Art Programm unterlegt

wurde, welches man jedoch nicht kennen müsse, um das Werk zu verstehen und zu genießen. Der zweite Namensbestandteil bezieht sich auf das Prinzip des Konzertierens. Zahlreiche Soli unterschiedlicher Instrumente durchziehen die Komposition, darunter beispielsweise eines für Englisch-Horn im 2. Satz und welche für Horn, Oboe, Harfe und Violine im 3. Satz. Es ist wohl nicht übertrieben zu behaupten, dass der Titel „Romantische Konzertmusik" daher einen Großteil der musikalischen Form der Komposition beschreibt. Die wiederkehrende Tonfolge, welche die einzelnen Sätze gewissermaßen verbindet, erinnert im ersten Moment an die Idee der Leitmotivik, kann jedoch nicht als ein solches bezeichnet werden, weil sie in stets unterschiedlichen Formen auftritt. Obgleich Ideen bereits existierender Werke in Hoffmanns Musik eindringen, ist es ihm gelungen, eine einzigartige Form zu erfinden. Traditionelle und unkonventionelle Elemente ergeben gemeinsam ein von Sebastian Hoffmann gestaltetes musikalisches Konstrukt.

Geben wir nun dem Komponisten selbst Raum, um diese Form ausführlicher zu beschreiben.

„Der Titel meiner Komposition aus den Jahren 1988 und 1989 verweist einerseits auf das Zeitalter der musikalischen Romantik, also das 19. Jahrhundert, da die verwendete Tonsprache noch weitgehend tonal ist. Andererseits verweist der Titel Konzertmusik auf das frühe 20. Jahrhundert, insbesondere auf Paul Hindemith, der einige Stücke mit dieser Bezeichnung geschrieben hat. Der Titel beinhaltet auch eine gewisse Abgrenzung zu meinen drei „Jugendsünd-Phonien", die der romantischen Konzertmusik vorausgingen. Die Betonung des Konzertierens im Titel verweist auch darauf, dass es in diesem Stück viele Soli und kontrapunktische Passagen gibt, wo also das Konzertieren als Prinzip vorherrscht. Formal ist das Stück aber immer noch einer Symphonie sehr ähnlich: Es umfasst vier Sätze, wobei die mittleren Sätze ein Scherzo und ein langsamer Satz (Elegie) sind. Die Ecksätze (1. Satz "Intrada" und 4. Satz "Passacaglia") verweisen dagegen eher auf die Zeit des Barock. In allen vier Sätzen taucht eine Folge von 8 Tönen auf, die einen inneren Zusammenhang der vier Sätze herstellt.

In der **Intrada** wird die Tonfolge (B c f d g es e f) bereits in den ersten beiden Takten von den Violoncelli und der Bassklarinette vorgestellt. Die Besetzung steigert sich bis zum Takt 18 zum Tutti. Diesen Block bezeichne ich als 1. Thema. Darauf folgt ohne Überleitung ein neues Thema in G-Dur mit Harfe und Holzbläsern. Im weiteren Verlauf wird die Tonfolge in verschieden Tonarten und Rhythmisierungen verarbeitet, insbesondere gibt es zwei längere Fugati. Der Satz endet (anders als ein "normaler" Sonatenhauptsatz) mit einer wörtlichen Wiederholung des 1. Themas, lediglich mit einer geänderten Instrumentierung.

Das folgende **Scherzo** beginnt zunächst mit einer Variante der Tonfolge im ruhigen 3/4-Takt, die aber in Takt 16 plötzlich von einem Tutti-Presto abgelöst wird. Neben Blechbläsern und Schlagzeug wird in diesem Teil auch die hohe Es-Klarinette eingesetzt. Im weiteren Verlauf des Satzes gibt es noch einen Abschnitt im 2/4-Takt, quasi das Trio zum Scherzo. Bei der Wiederholung des Scherzo-Teils werden die ruhigen Anfangstakte weggelassen, so dass direkt der Presto-Teil wieder aufgegriffen wird. Gegen Ende des Satzes gibt es ein Englisch-Horn-Solo und die Rückkehr zum ruhigen 3/4-Takt.

Die **Elegia** im langsamen 3/4-Takt beginnt mit einer leeren Quinte (G-d). Zunächst erklingen danach Akkorde aus g-Moll, aber gleich drauf wird in entfernte Tonarten moduliert. Eine gewisse Beruhigung setzt mit dem 2. Thema ein, das das Altsaxophon mit Harfenbegleitung vorträgt. Danach gibt es eine Passage, in der ein 12-töniges Bassthema erklingt. Kontrastiert mit zwei Takten in C-Dur wird dieses markante Thema einmal wiederholt. Danach gibt es einen relativ dissonanten Akkord (alterierte Dominante zu g-Moll) und eine Generalpause. Anschließend erklingt erneut die leere Quinte, quasi als Reprise der ersten Takte. Im folgenden gibt es noch Soli von Horn, Oboe und Harfe. Nach dem Harfensolo folgt ein hymnischer Teil im 4/4-Takt in der Tonart F-Dur. Der letzte Abschnitt des Satzes steht wieder im 3/4-Takt. Er endet mit einem kleinen Violinsolo in versöhnlichem G-Dur.

Das Finale habe ich als **Passacaglia** bezeichnet, also eigentlich einen Satz mit Variationen über ein gleichbleibendes Bassthema. Dieses Bassthema ist die Tonfolge, die sich durch alle vier Sätze zieht, allerdings taucht es auch in den Oberstimmen auf und wird transponiert. Die Folge der Variationen wird zweimal durch fugierte Abschnitte unterbrochen: zum ersten durch die Holzbläser im 4/4-Takt, zum zweiten durch die Blechbläser im 3/4-Takt. Danach gibt es noch eine Überlagerung der beiden

Fugenthemen (Doppelfuge) mit einer Oberstimme der Violinen und Klarinetten."

Sebastian Hoffmann

Sebastian Hoffmann

Sebastian Hoffmann

Sebastian Hoffmann

27

„Comme un Personnage Dramatique"

Über Camille Saint-Saëns' zweites Klavierkonzert

Lara Venghaus & Michael Hoyer

Schon die Kindheit des 1835 in Paris geborenen Komponisten Camille Saint-Saëns war von seiner Begeisterung für das Klavier geprägt. Aufgewachsen in der Obhut seiner Mutter und einer Großtante, die eine versierte Pianistin war, lernte er bereits mit zweieinhalb Jahren Noten zu lesen und selbst Klavier zu spielen. So mag es kaum verwundern, dass es sich bei seiner ersten erhaltenen Komposition aus dem März 1839 um ein Klavierstück handelte, und auch in seinen nächsten kompositorischen Versuchen widmete er sich Formen, in welchen das Klavier eine zentrale Rolle einnahm, konkret der des Klavierlieds und der der Sonate, hier für Violine und Klavier. Seine herausragenden Fähigkeiten an diesem Instrument ermöglichten ihm zudem im Mai 1846 einen ersten öffentlichen Auftritt in der ruhmreichen Salle Pleyel in Paris als Pianist und brachten ihm Vergleiche mit Wolfgang Amadeus Mozart ein.

Während jedoch der von ihm verehrte, vierzehn Jahre ältere Franz Liszt auch in der modernen Rezeption noch vornehmlich als Klaviervirtuose und erst danach als Komponist wahrgenommen wird, hat sich der Ruf Camille Saint-Saëns in der Nachwelt vor allem auf seine kompositorische Tätigkeit konzentriert. Im Gegensatz zu seinen französischen Zeitgenossen widmet er sich bereits vor 1870 der Kammermusik und Sinfonik und sah sich selbst eher in deutscher Tradition verwurzelt; so bezog er sich auf Komponisten, die wir heute gemeinhin der Epoche des Barock zuordnen wie Bach und Händel, auf die Meister der sogenannten Wiener Klassik sowie die häufig unter dem Begriff der Romantiker zusammengefassten Tonsetzer Schubert, Weber, Mendelssohn und Schumann. Aus dem Studium ihrer Werke leitete er ein Ideal ab, welches sich aus solidem Handwerk und einer Priorisierung der Form speiste. Ferruccio Busoni beschreibt Saint-Saëns in seinen Erinnerungen an ihn, erschienen als Nachruf in der Vossischen Zeitung, als jemanden, der „das Komponieren als eine angenehme Geistesübung zu pflegen" schien.

Die Verwirklichung seines Ideals suchte er zu erreichen, indem er „die traditionellen Gattungen, insb. diejenigen in Sonatensatzform, durch Varianten, Ableitungen, Umstellungen usw. zu erneuern" suchte, wie Peter Jost in seinem Artikel in der MGG ausführt. Erneuern, nicht verwerfen und durch neue ersetzen, denn:

Zum musikalischen Revolutionär fehlten Saint-Saëns der Wille zum Umsturz und die Verachtung des Bestehenden. Als Sohn der Julimonarchie des Bürgerkönigs Louis-Philippe hatte er die Ehrfurcht vor der bestehenden Ordnung so gründlich internalisiert, daß vermutlich in all seinen Kompositionen sich kein Stück findet, das nicht in Vielfachen einer viertaktigen Periode organisiert ist. Seine breite musikgeschichtliche Kenntnis und das Bewußtsein, daß künstlerisches Schaffen sich niemals in bloßer Reproduktion erschöpfen darf, verliehen jedoch seinem Komponieren einen Hang zum Unorthodoxen, der sich vornehmlich in einer nicht selten willkürlich erscheinenden Kombination von Elementen unterschiedlichster Vorbilder niederschlug. So erinnert der erste Satz des 1868 entstandenen zweiten Klavierkonzerts in seinem Habitus an das

Konzert in Form einer Gesangsszene von Louis Spohr, der zweite Satz scheint jener Schlichtfassung eines Rondos von Mozarts Hand nachgebildet, in der zweimal dasselbe Couplet auftritt, während der dritte auf die Adaptionen der Musik aus dem französischen Kolonialreich vorausweist, die das Spätwerk Saint-Saëns' bevölkern. Ob sich der Komponist tatsächlich auf die genannten Vorbilder bezog, ob er diese überhaupt kannte oder ob er lediglich in phantasierender Nachahmung des ihm Vertrauten handelte, läßt sich schwerlich ermitteln. Insgesamt sticht an dem Werk ein Zug von Grobschlächtigkeit und Mechanik hervor, der dem in Chopins Feinsinnigkeiten verliebten oder von Liszts etalierter Bravour faszinierten Publikum avers aufgestoßen sein dürfte.

Der erste Satz wird von einem motivlosen Klaviersolo eröffnet, das, säße da nicht ein Orchester auf der Bühne, eher eine Rhapsodie oder Fantasie für das Pianoforte erwarten ließe. Wenn dann endlich das Orchester einsetzt, geschieht dies in einer Form, wie in der Oper ein Accompagnatorezitativ eingeleitet zu werden pflegt. Tatsächlich schließt sich daran ein Gesangsthema des Klaviers an, zu dem das Soloinstrument selbst die Begleitung beiträgt, ehe bei seiner Wiederholung das Orchester diese Aufgabe übernimmt. Auch der folgende Dialog zwischen Soloinstrument und Orchester hat etwas Rezitativisches und mündet in einen zweiten, nun in die Paralleltonart B-Dur versetzten Gesangsteil, an den sich ein von virtuosem Passagenwerk dominierter, jeder Motivik sich enthaltender Abschnitt anschließt. Die Wiederaufnahme des ersten Gesangsthemas erfolgt sodann im Orchester und gestattet dem Klavier die Fortsetzung seiner virtuosen Selbstdarstellung. Eine ausgedehnte, erst rein solistische, später spärlich mit einigen Tönen des Orchesters hinterlegte Kadenz, die allerdings auf motivische Elemente aus dem Anfang des Satzes zurückgreift, mündet schließlich in die orchestrale Einleitung, welche eingangs das Rezitativ eröffnete und nun den Satz abschließt.

Der zweite Satz beginnt mit einem Paukensolo, welches das Bewegungsmuster vorbildet, das den Satz fast ununterbrochen beherrscht. Ein achttaktiges Klaviersolo wird umgehend vom Orchester wiederholt, in leichter Abwandlung an das Klavier zurückgegeben und weiter in beliebigem Spiel zwischen beiden Akteuren hin- und hergeworfen. Das Wiederholungshafte dieses Vorgangs steht dabei so stark im Vordergrund, daß trotz der hie und da vorgenommenen Abwandlungen der Begriff einer Verarbeitung nicht in den Sinn kommen kann. Abgelöst wird diese Phase von einem Walzer, zu welchem zuerst die Begleitfigur des Klaviers auffordert, ehe Fagott und tiefe Streicher seine Melodie auch wirklich intonieren. Deren fällige Wiederholung übernimmt zwölf Takte später das Klavier, das darauf die Gelegenheit für eine Reihe brillanter Skalengänge ergreift. An die Wiederaufnahme des ersten Themas schließt sich eine Phase an, in der diesem entnommene Zitate mit Elementen freier Virtuosität abwechseln. Ein nach Moll versetzter Nachklang des Walzers ruft das diesmal von der linken Hand des Klaviers und den tiefen Streichern intonierte Paukenthema wieder auf, mit welchem der Satz in leichter Verkürzung gleichsam von vorne beginnt. Eine kurze Coda auf der Basis von Elementen des ersten Themas setzt den Schlußpunkt hinter ein Stück Musik, das viel Esprit verströmt, ohne sich groß um seine geistige Substanz zu bekümmern.

Der Finalsatz gehört in das Gebiet einer *musique incatatoire*, einem musikalischen Beschwörungsritus, wie er später in den Werken des jungen Strawinsky und seiner Zeitgenossen (Milhaud, Honegger) begegnet. Sein Material besteht hauptsächlich aus einer skalenförmig absteigenden dreitönigen Triolenfigur, die in rasender Folge vom Klavier achtmal hintereinander abgespult und dann vom Orchester in derselben Weise reproduziert wird. Ihrem massiven Ansturm gegenüber verblaßt das anschließend vom Klavier vorgetragene Thema zur Lappalie. Daß diesem sofort von einem neuerlichen Einbruch des triolischen Geratters der Mund gestopft wird, demonstriert, welches Moment in diesem Satz die Herrschaft ausübt: nicht die tänzelnde Figur des Themas, sondern der gewalttätige Wirbel des kaum geformten Stoffs. Später, als dann die Triolen von stupide repetierten Achteln des Orchesters abgelöst werden, verfällt das Klavier in nicht enden wollende Serien von Trillern, als durchführe die kultische Gemeinschaft, die zuvor frenetisch die Trommel rührte, nun ein orgiastisches Beben. Beide Elemente wechseln sich mehrfach ab, wobei im weiteren Verlauf die Trillerketten mit choralartigen Sequenzen von ganztaktig fortschreitenden Bläserakkorden hinterlegt sind. Eine dreifach auftretende Vierergruppe von massigen Klavierakkorden leitet endlich die Coda ein.

Ob Saint-Saëns eigener Bericht über die Uraufführung, in welchem er die Kritik wiedergibt, der erste Satz des Konzertes sei zusammenhanglos und das Finale komplett verfehlt, ausschließlich die Meinung des Publikums oder auch einen eigenen Eindruck widerspiegelt, ist heute freilich nicht mehr zu ermitteln. Erwiesen ist jedoch, wie sich dem Vorwort Wolfgang Birtels zur Partitur entnehmen lässt, dass die Umstände der Entstehung und Uraufführung durchaus als widrig bezeichnet werden können. Am Anfang stand die Idee Saint-Saëns, für seinen ebenfalls als Pianist und Komponist tätigen Freund Anton Rubinstein, der aus Russland stammte, ein Konzert in Paris zu organisieren, damit dieser sich erstmals auch als Dirigent würde präsentieren können. Da für die Nutzung der Salle Pleyel, in welcher Saint-Saëns 22 Jahre zuvor als Pianist debütierte, aufgrund von Umbauarbeiten jedoch noch drei Wochen Wartezeit überbrückt werden mussten, nutzte Saint-Saëns diese zur Komposition des hier besprochenen Klavierkonzertes, welche er binnen siebzehn Tagen vollendete. Freilich mangelte es dadurch an ausreichender Probenzeit, die, da Saint-Saëns die in Frankreich vorherrschende Ausrichtung eines solchen Werkes auf die Virtuosität des Solisten zu Gunsten einer geschlossenen sinfonischen Anlage verwarf, in welcher das Orchester dem Instrumentalsolisten ebenbürtig gegenübergestellt ist und die motivische Arbeit wie die musikalische Entwicklung den einen wie den anderen Part miteinander durchdringend verknüpft, zwingend notwendig gewesen wäre. Dennoch hat nicht nur das Scherzo, welches bereits in der Uraufführung so gut gefiel, dass es wiederholt werden musste, Eingang in weitere Konzerthallen gefunden, Saint-Saëns Klavierkonzert Nr. 2 in g-Moll opus 22 zählt bis heute den häufig gespielten Werken des Komponisten.

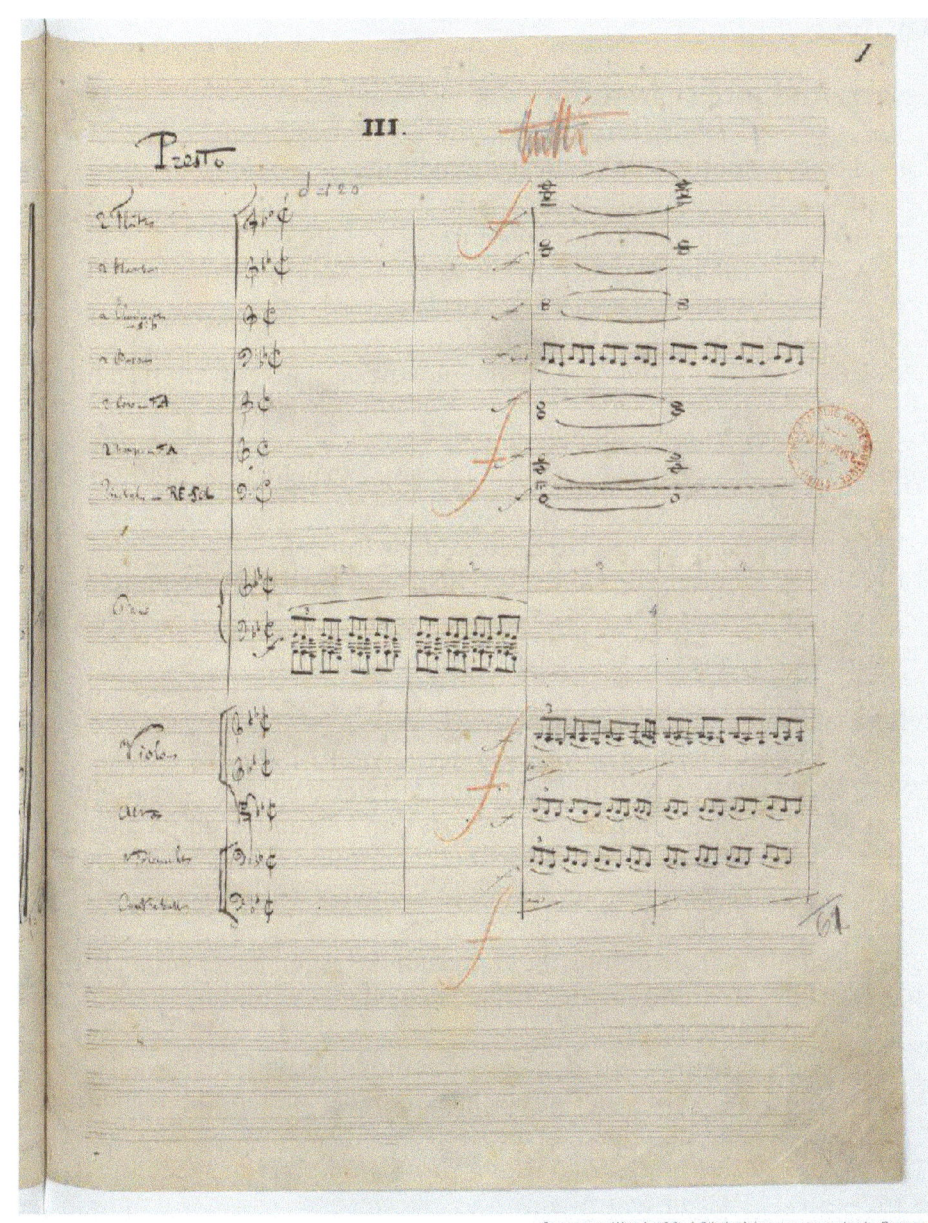

Camille Saint-Saëns: Klavierkonzert Nr. 2, Holograph manuscript, 1868, IMSLP: Source gallica.bnf.fr / Bibliothèque nationale de France, https://imslp.org/wiki/Piano_Concerto_No.2%2C_Op.22_(Saint-Sa%C3%ABns%2C_Camille), S. 115.

Analyse

1. Satz: Andante sostenuto

	Cadenza des Klaviers
T. 1 – 4	motivische Orchestereinleitung
T. 5 – 8	Rezitativ
T. 9 – 15	1. thematischer Solovortrag
T. 16 – 25	Dialog Klavier – Orchester
T. 26 – 37	2. thematischer Solovortrag
T. 38 – 57	1. virtuoser Solovortrag
T. 58 – 65	Thema des 1. themat. Solovortrags, erst im Orch., dann im Klavier
T. 66 – 89	Cadenza des Klaviers
T. 90 – 100	Überleitung auf der Basis eines Bruchstücks des 1. themat. Solovortrags
T. 101 – 107	Cadenza mit Orchesterstützakkorden
T. 109 – 113	motivische Orchestereinleitung, verdoppelt vom Klavier

2. Satz: Allegro scherzando

T. 1 – 4	Einleitung der Pauke, stereotyper Rhythmus
T. 5 – 74	1. Kompositionsabschnitt auf der Basis eines achttaktigen Themas im Klavier, das im Folgenden einen lebhaften Austausch zwischen Klavier und Orchester erfährt und später mit virtuosen Elementen durchsetzt wird. (Es-Dur)
T. 75 – 130	Walzerthema, mit virtuosen Passagen durchsetzt (B-Dur)
T. 131 – 180	Bearbeitung des Themas aus dem 1. Kompositionsabschnitt
T. 181 – 198	Reminiszenz des Walzers (modulierend)
T. 199 – 220	Paukenthema, abwechselnd in der linken Klavierhand und den tiefen Streichern
T. 221 – 256	Verkürzte Wiederkehr des 1. Kompositionsabschnitts
T. 257 – 304	Walzer wie zuvor
T. 305 – 346	Coda auf der Basis des 1. Klavierthemas

3. Satz: Presto

T. 1 – 48	Vielfach repetierte Triolengruppen in Klavier und Orchester (Nähe zur musique tribale), abwechselnd mit einem ebenfalls triolischen Thema im Klavier (g-Moll)
T. 49 – 78	Trillerfiguren im Klavier, invariante Achtelrepetitionen im Orchester (d-Moll)
T. 79 – 115	Wiederkehr der Triolengruppen des Anfangs einschl. des Klavierthemas, aber versetzt mit den Trillerfiguren und den invarianten Achteln (d-Moll)
T. 116 – 174	Trillerfiguren im Klavier (es sind immer dieselben), kontrapunktiert mit erst ganztaktig, später halbtaktig fortschreitenden choralartigen Phrasen im Orchester (modulierend)
T. 175 – 190	Überleitung des Klaviers auf der Basis der Figuren T. 65 – 71
T. 191 – 232	weitgehend identische Wiederholung des Anfangsteils (g-Moll)
T. 233 – 262	leicht variierte Wiederholung des Abschnitts T. 49 – 78 (g-Moll)
T. 263 – 286	Einleitung des Schlusses, charakterisiert durch eine Vierergruppe von massigen Fortissimoakkorden im Klavier, die dreimal auftritt (modulierend)
T. 287 – 301	Variierte und erweiterte Wiederholung der Takte 41 – 48 (g-Moll)
T. 302 – 332	Coda (g-Moll)

Quellen:

Peter Jost: Art. „Saint-Saëns, Camille". In: *MGG Online*. Hrsg. von Laurenz Lütteken, New York, Kassel, Stuttgart 2016ff., veröffentlicht November 2016, https://www.mgg-online.com/mgg/stable/11153.

Ferruccio Busoni: „Erinnerungen an Saint-Saëns". In: Ders.: *Von der Einheit der Musik*. Berlin 1922, S. 336–340.

Camille Saint-Saëns: *Piano Concerto No. 2 g-Moll Op. 22*. Mainz 2018.

Als die Klassik sich nicht retten ließ

Die zweite Sinfonie von Johannes Brahms.
Analyse und stilistische Einordnung

Michael Hoyer

Vielleicht hatte Johannes Brahms doch wirkliche Veranlassung, seinen melodischen Eingebungen zu mißtrauen, weshalb er seinem einzigen Schüler, Gustav Jenner, auferlegte, jeden Einfall zu zerstören und aus seinen Bruchstücken etwas zu konstruieren, das dann erst die Würde eines Themas würde erlangen können. Eine Umschau unter den zahlreichen Liedkompositionen von Brahms, in denen er sich nicht dieselbe kompositorische Strenge auferlegte wie in seinen instrumentalen Werken und wo er schon bei der Wahl der Texte seinem anderwärts gut verborgenen Hang zu hohem Sentiment und altbackener Provinzialität bereitwillig nachgab, stößt jedenfalls auf zahlreiche Belege, in denen eine nicht selten triviale, gefühlige, von erborgter Volkstümlichkeit animierte Melodik sich auslebt, die nur selten, wie in dem zu Recht berühmten Wiegenlied *Guten Abend, gut Nacht,* sich zu echter Naivität verklärt. Dieselbe Gefühligkeit ist in Brahms' Instrumentalwerk kaum irgendwo anzutreffen, stattdessen ein intellektueller Konstruktivismus, der dem Hörer seiner Sonaten und Sinfonien ein vor allem geistiges Vergnügen zu verheißen scheint. Eine Partitur von Brahms, so macht es den Eindruck, will zuerst durchschaut und erst dann erlebt werden. Wer diesem Apell Folge leistet, gelangt allerdings nach einigen Versuchen zu der Erkenntnis, daß die konstruktive Genese brahmsscher Kompositionen nicht auf die Idee einer musikalischen Logik abzielt, als deren Resultat sich ein Verständnis des Werks aus seiner formalen Organisation ergäbe; vielmehr hat es der Rezipient hier mit einer Rationalität zu tun, die, obzwar sie im Praktischen waltet, im Ergebnis das Desiderat eines aus der Faktur sich erschließenden Verstehens von Musik bereits hinter sich gelassen hat.

Diese Feststellung berührt unmittelbar den mitunter erhobenen Vorwurf, daß die brahmsschen Konstruktionen immer diskutabel und nicht, wie jene Beethovens, durchaus bestechend seien. Brahms verfügt über ein beträchtliches Arsenal an kompositorischen Mitteln, die er mit klugem Bedacht einzusetzen versteht, gelangt aber selten zu Resultaten, die jeglichen möglichen Einwand verstummen lassen. Fast stets kündet das Gelungene von der Arbeit, die solches Gelingen hervorbrachte, und hie und da verstören den Hörer Augenblicke, an denen zum Gelingen ein geringer Rest fehlt. Dies mag erklären, warum Zeitgenossen und Nachwelt Brahms immer mit Hochachtung, nie aber mit jener Vergötterung begegneten, wie sie Beethoven bereits zu Lebzeiten und Mozart nach seinem Ableben erfuhren. Gerade im Zeitalter der Genialitätsverehrung, in welchem er lebte, ist er ein Diesseitiger, Bodenständiger; doch wenn erstaunen macht, daß genau dies auch seinem Selbstverständnis entsprach, so wird übersehen, daß Schlüssigkeit des Werks nicht die erste Priorität von Brahms' kompositorischem Schaffen darstellt. So restaurativ sich sein Schöpferethos auch gebärdet, das ideelle Fundament seines Schaffens liegt näher bei Romantikern wie Berlioz als ihm lieb sein mochte.

Unter seinen vier Sinfonien ist die zweite die zugänglichste. In ihr gibt es zumindest Augenblicke, in denen der Hörer sich von der Musik ergreifen lassen kann, allerdings um den Preis, anschließend den Faden zu verlieren. Dieser will bei Brahms jederzeit verfolgt sein, denn nicht der stillgestellte Augenblick, sondern der Fortgang des Geschehens ist es, der seine Musik ausmacht. Der erste Satz empfängt den Hörer mit einem Thema (T. 2 ff), das dieser zunächst als melodisch empfindet, während derselbe, aufgefordert, es nachzusingen, sich nicht leicht an seinen genauen Verlauf erinnern würde und auch auf Schwierigkeiten bei der Frage stieße, wo dieses denn ende. Der analytische Blick wiederum gelangt zu der Erkenntnis, es handle sich um wenig mehr als einen in rhythmischen 2:1-Proportionen angeordneten D-Dur-Dreiklang mit einer angehängten Fortspinnung, der in einer zweiten Phase um einen Ton nach oben verschoben und nach Moll gewendet wird. Gebilde dieser Art besitzen den Vorzug, ein breites Spektrum an kompositorischen Verarbeitungsmöglichkeiten zu bieten, zugleich aber den Nachteil, so ubiquitär zu sein, daß allein ihr wörtliches Wiedererscheinen oder zumindest eine weitgehende Annäherung daran ein Wiedererkennen zu garantieren vermag. Welche Musik des achtzehnten und neunzehnten Jahrhunderts wäre nicht von Dreiklängen voll? Und muß also nicht schon eine geringfügige Veränderung der Tonfolge, eine Modifikation der rhythmischen Proportion, der auftaktige anstelle des abtaktigen Beginns das Thema dieses ersten Satzes der Verwechslung mit irgendeinem anderen eines anderen Werks oder gar mit ganz unthematischem, nur als Füllstoff gebrauchten Geschehen aussetzen? Brahms scheint sich über diesen Sachverhalt durchaus Rechenschaft abgelegt zu haben, denn er greift auf dieses Thema nur sehr selten zurück, und wo er es tut, wie etwa am Beginn der Durchführung, zitiert er zumindest dessen erste vier Takte, ohne auch nur die geringste Veränderung an ihnen vorzunehmen. Ein anderes Element, die Wechselnotenfigur in den tiefen Streichern (T. 1), mit welcher der Satz beginnt, übertrifft jenes Thema noch an Verwechselbarkeit und ist, obgleich es sich im Verlauf des Satzes rasch zu einem wichtigen, teils sogar exponierten Konstruktionselement entwickelt, kaum im gewohnten Sinne als thematisches Material anzusprechen, da seine Unterscheidbarkeit gegen ein beliebiges beiherspielendes Ereignis in irgendeiner Nebenstimme nur im Fall seines gehäuften Auftretens gegeben ist. Damit aber ist ein fundamentales Konstituens brahmsschen Komponierens beschrieben; denn wo Beethoven und erst recht Mozart charakteristisch zugerichtete Blöcke schaffen, die antagonistisch einander gegenübertreten und dynamische Energie aus ihrem ungeschlichteten Gegensatz entwickeln, gestalten sich die Werke Brahms tendenziell als ein fortwährender Prozeß, dessen Strukturierung zwar bei ausreichender Bemühung aufzufinden ist, sich jedoch nicht als ästhetisches Prinzip hervordrängt. Intellektuelle Annäherung an die Partitur vermag die darin angelegten musikalischen Prozesse aufzufinden und zu beschreiben, doch gehört es nicht zum Wesen solchen Komponierens, eine Annäherung dieser Art zu gebieten. Dieser Sachverhalt ist es, der die Zwölftontechniker und allen voran Schönberg dazu bewog, gerade bei Brahms anzuknüpfen, dem in der kompositorischen Erscheinung rückwärtsgewandtesten der späten Romantiker; er ist aber auch zugleich der Grund, weshalb Brahms mit geistigem Genuß nur bei angestrengter, jede Einzelheit des musikalischen Fortgangs aufnehmender Aufmerksamkeit gehört werden kann. Das Passepartoutförmige der Themen, zu denen Brahms seine Einfälle verarbeitet, ihr Alltagsgesicht, disponieren sie einerseits zu vielseitiger und geschmeidiger Abwandlung, erschweren es dem Gedächtnis aber zugleich, sich ihrer zu erinnern und im vergegenwärtigenden Rückblick die Struktur der Komposition zu rekonstruieren. Wo die Formgebung der musikalischen Klassik dazu drängt, den zeitlichen Verlauf der Musik in ein architektonisches Zugleich aufzuheben, erschwert Brahms seinem

42

Hörer den Austritt aus dem Prozeß und installiert damit eine musikalische Ästhetik, die das Erleben an die Stelle des Betrachtens setzt. Mußte der ideale Hörer klassischer Musik die distinkten musikalischen Gestalten erfassen, ihre Entwicklung verfolgen und alles im Gedächtnis abspeichern, um schließlich das Ganze vor seinem inneren Ohr zu rekonstruieren, so muß sich jener der Instrumentalmusik Brahms' vielmehr selbst vom musikalischen Augenblick erfassen lassen, der zwar aus einem Vorhergehenden herausfließt, aber infolge der schwachen Charakteristik des thematischen Materials doch keinen energischen Verweis auf den Gesamtzusammenhang ausübt. Illustriert gesprochen: Wer beim Hören beethovenscher Musik das einzelne Moment nicht zum Ganzen ins Verhältnis zu setzen weiß, versteht sie nicht, wer hingegen von der Musik Brahms' sich jeweils an die Stelle mitnehmen läßt, wo sie gerade geschieht, ist von einer adäquaten Auffassung nicht weit entfernt. Daß Brahms, dem intellektuelle Entwürfe fremd waren, dies mit Bedacht so konzipiert und angelegt haben könnte, ist kaum anzunehmen, und freilich stellt der hier entwickelte Sachverhalt nur die Extrapolation einer Tendenz dar, die nicht in allen Kompositionen gleichermaßen ausgeprägt zutage tritt. So ist es etwa im dritten Satz der zweiten Sinfonie unerläßlich, in dem auf Zehenspitzen daherhuschenden Presto eine Denaturierung des den Satz einleitenden Ländlers zu erkennen. Gleichwohl muß das kompositorische Verfahren, das Brahms an vielen Stellen seines Werks an den Tag legt, als Grundlegung einer Musik angesehen werden, die nicht länger auf ein aus der sinnlichen Erfahrung abgezogenes intellektuelles Verständnis des tönenden Kunstwerks abhob und stattdessen, wie die Zwölftöner, geistige Konstruktion und klangliches Resultat unvermittelt einander entgegensetzte oder, wie der expressionistische Strawinsky, die geistige Konstruktion im klanglichen Resultat komplett untergehen ließ. Daß zu der Zeit, da Brahms seine Kompositionsweise entwickelte, viele seiner Zeitgenossen durch verschiedene Formen von Leitmotivik der schwindenden Hörkompetenz ihres Publikums zu begegnen versuchten, rückt das Vorgehen von Brahms in ein kulturgeschichtlich bedeutsames Licht.

Dem analytischen Blick gibt sich das Geschehen im Puffer zwischen dem ersten und dem zweiten Themenkomplex (T. 33 – 43) unschwer als Rekurs des eintaktigen Elements zu erkennen, mit welchem die Sinfonie anhebt. Nachdem die Holzbläser dessen letzte vier Töne in starker Augmentierung wiederholt haben, verselbständigt sich unmotiviert deren unbestimmte Unterfütterung in den Violinen, schleppt sich, absteigend, eine Weile dahin und erstirbt in einem Paukenwirbel. Dann erscheint über Akkorden der Blechbläser aufeinmal die Wechselnotenfigur des Anfangs, wiederholt sich nach einer dreitaktigen Unterbrechung und ertönt sodann ein drittes Mal in verbreiterten Notenwerten. Der Analytiker mag auch geneigt sein, die ersten drei Noten des zweiten Themas, das sich hier anschließt, das a-gis-a, als Ableitung derselben Figur zu erachten; der Hörer aber wird die Wechselnotenfigur des ersten Taktes, die große Ähnlichkeit mit einem fehlplacierten Einsatz der tiefen Streicher vor dem eigentlichen Beginn der Sinfonie besitzt, kaum wahrgenommen haben und daher die beschriebene Stelle vor allem als Stagnationsphase erleben, in welcher das musikalische Geschehen nach seinem Fortgang sucht. Das zweite Thema ist in seiner Dreiklangsverbundenheit dem ersten nicht so unähnlich, nur bewegter in seinem Duktus, und zerfasert bereits bei seiner Wiederholung. Der Abschnitt indes, worein es mündet, ist, nach Auskunft des Analytikers, erneut von dem Wechselnotenmotiv beherrscht, mit dem der Satz begann, doch diesmal ziehen erst großintervallige Bewegungen die Aufmerksamkeit auf sich, macht die Raffung des Motivs und ihr Umschlag in eine Sechsachtelkonfiguration es sich selber unähnlich, so daß erneut nicht der konstruktive Bezug, sondern die metrische Störung des Augenblicks den vorrangigen Gegenstand der Wahrnehmung ausmacht.

Das dritte thematische Gebilde[1], mit dem der Satz aufwartet (T. 82 ff), kommt in seinem Duktus dem landläufigen Begriff eines Einfalls am nächsten und formt sich vier Takte lang tatsächlich zu einer sangbaren Gestalt aus, erklingt aber von Beginn an in unentscheidbarer Zweistimmigkeit und wirft in seinem Fortgang alsbald die Frage auf, ob das zu seinem Beginn wahrgenommene fis-Moll oder das alsbald wider die Oberhand gewinnende D-Dur seine tonale Orientierung bestimmen soll. Wie schon das zweite, verliert auch dieses Thema sich bereits bei seiner Wiederholung und verstärkt so den Eindruck, keiner der melodischen Einfälle sei prägnant genug, um dem musizierenden Subjekt im Gedächtnis haften zu bleiben. Alles ist Stadium, nichts Bestand, und wie der Komposition entfällt, was sie gerade erst hervorgebracht hat, ist auch der Hörer aufgefordert, zu vergessen. Es zählt das Jetzt, denn das Gewesene hat keine Zukunft. – Daß das Gegenwärtige zugleich keine Vergangenheit hat, zeigt der Einbruch eines martialischen Geschehens, der wie ein Meteoriteneinschlag das bisher eher sanftwellige Gelände des Satzes zerreißt (T. 117 -134) x. Weder die scharf punktierten, teils synkopischen Figuren des Rhythmus noch der bizarre melodische Verlauf besitzen eine

---

[1] Ich numeriere die Themen unterschiedslos nach der Reihenfolge ihres Auftretens, unerachtet ihrer Funktion oder ihrer Gewichtung im Satz. Das dritte Thema, das hier in Rede steht, ist also jenes, welches traditionelle Konzertführer als das Seitenthema bezeichnen.

Herkunft, sie brechen herein, ohne sich aus irgend einem Vorhergehenden abzuleiten oder zu begründen. Wieder ist der Hörer im Vorteil, der sich dem Wechselbad hingibt, während der Sucher nach einer Gesamtschau vergeblich Zusammenhänge zu stiften versucht. Konstruktiv betrachtet, also unter dem Gesichtspunkt einer stimmigen und aussagekräftigen Gesamtanlage des Satzes, ist dieser Abschnitt, ebenso wie die über einundzwanzig Takte ausgespannte motivfreie Steigerungslinie ein Fremdkörper, unter Erlebensaspekt jedoch stellt er eine Episode dar, deren Erscheinen sowenig einer Rechtfertigung bedarf wie jeder Vorfall, mit dem das Leben aufwartet. Ähnliches gilt bezüglich des Sachverhalts, daß nun, am Ort der Schlußgruppe, erneut das dritte Thema und dieses Mal wirklich in der Oberquinttonart A-Dur auftritt, wo es heimlich, mittels eines unverdächtigen Anhängsels, die Wechselnotenfigur wieder einschleust, mit welcher der Satz begann.

Dächte Brahms in ästhetisch-konzeptionellen Entwürfen, hätte er an dieser Stelle das Modell des Sonatensatzes aufgegeben und seine Komposition in der Form einer sinfonischen Dichtung weitergeführt. Der Traditionalist in ihm und wohl auch der Beethoven-Nachfahre insistierten aber auf der Erfüllung der formalen Norm und nahmen keinen Anstoß an dem systematischen Bruch, den dieses Begehren dem bis dahin Geschaffenen beibrachte. Denn mag die Konfrontation unterschiedlichen musikalischen Materials, wie sie für eine Durchführung charakteristisch ist, auch gemäß einer Geschehenslogik noch ein gewisses Interesse auf sich ziehen, so ist eine Reprise jenseits einer auf das rezeptive Ideal einer stillgestellten Gesamtschau ausgerichteten Werkästhetik gänzlich sinnlos. Einer Musik, die nur unterschiedliche Stadien durchläuft, ohne sich zu einer diese ins Verhältnis zueinandersetzenden extraprozessualen

Ordnung zu integrieren, ist der Rekurs auf ihren Anfang nichts als ein Rückfall ins bereits Vergangene. Schon Bach versagte sich mit klugem Bedacht dort, wo etwa der Text einer Arie einem stringenten Fortgang gehorcht, den Gebrauch der Dacapoform.[2] Wenn Brahms nun im dritten Komplex seines Sinfoniesatzes den gesamten ersten mit lediglich geringfügigen Modifikationen noch einmal ablaufen läßt, so hat dies aufgrund der Verlaufsform des kompositorischen Gebildes nur den Status einer nostalgischen Reminiszenz, ähnlich wie Schumann am Ende mancher seiner Heine-Vertonungen deren erste Strophe nocheinmal anhängt, um nach den im Textverlauf einsetzenden Verbitterungen den schönen Schein des Anfangs wiederaufleben zu lassen. Zwischen Erleben und Nacherleben nun liegen einhundertzwanzig Takte einer extrem heterogenen Durchführung, die auf eine an Spitzfindigkeit grenzende kontrapunktische Übung eine grandiose dramatische Arbeit auf der Basis des Wechselnotenmotivs anschließt. Das erste Thema erscheint lediglich in den ersten Takten, exponiert zwar im Horn und in den Flöten, jedoch auf seine ersten vier Takte verkürzt und nach F-Dur bzw. B-Dur entrückt. Abgelöst wird es bereits dort von der durch absteigende Sequenzierung ebenfalls zur Viertaktigkeit erweiterten Umkehrung der Wechselnotenfigur. Diese dominiert immer stärker das musikalische Geschehen, bis unvermittelt (T. 204) neues Material erscheint, das keinerlei Bezug zu irgend einem voraufgehenden aufweist und sich sofort zu einem aus einem deciso auftretenden, schrittweise aufsteigenden Thema und zwei schroff damit kontrastierenden Kontrasubjekten zusammengesetzten dreifachen Kontrapunkt schürzt. Diese beiden letzteren sind zwar von

---

[2] Hier sei als eines der prominentesten Beispiele die Tenorarie „Ach, mein Sinn" aus der Johannespassion genannt, doch ist Bachs Kantaten- und Oratorienschaffen überreich an Belegen für diese These.

prägnanter Gestalt, verraten jedoch durch ihre melodische Mißgestalt, daß sie ausschließlich unter dem Gesichtspunkt ihrer konstruktiven Verwertbarkeit geschaffen wurden. Einundzwanzig Takte übt sich die Partitur in deren Umschichtung, wobei das erste und das dritte der drei Materialien mindestens einmal als Ober- Mittel und Unterstimme auftritt, wohingegen das zweite die Oberstimme meidet. Den Posaunen fällt es zu, diesem tonsetzerischen Befähigungsnachweis durch den dreifach übereinandergeschichteten Einwurf der nun wieder rectus auftretenden Wechselnotenfigur Einhalt zu gebieten und den Satz nach Inhalt und Konzept zu sich selbst zurückbringen. Und als hätte es nur dieses gewaltsamen Eingriffs bedurft, entfesselt sich daraus ein an ein Naturereignis gemahnendes, fast monothematisches Geschehen, das zwischen Furor und Agonie hin- und hergeworfen wird und in dem nach Moll gewendete Einsprengsel des zweiten Themas verloren umherirren. Den Abschluß dieses Prozesses bildet ein Koloß aus weit durch die Oktaven versetzten steigenden Terzen, in denen bei Belieben das nach solcher Verwüstung allein übrig gebliebene Bruchstück des ersten Themas erkannt werden mag. Hier zeigt Brahms, wie eine kompromißlos an die Zeit gefesselte Kompositionsweise verfaßt sein müßte, doch mag ihm, dem Strukturkonservativen, diese Vorstellung gar zu bedrohlich erschienen, ja seine eigene Entwicklung in diese Richtung gar nicht bewußt gewesen sein.

Der zweite Satz, ein Adagio, das irreführenderweise mit dem Zusatz *non troppo* versehen ist, erschließt sich dem Leser weitaus bereitwilliger als dem Hörer. Es hebt mit einem doppelten Thema an, eins in den Fagotten und eines in den Celli, von denen das zweitgenannte zu einer langen, durch Sequenzierung und Variantenbildung gewonnenen Kantilene ausgebaut ist, die sich in ihrem zwölften Takt im Unbestimmten verliert.

Auch für diese beiden thematischen Gebilde gilt, daß sie zwar unschwer gegeneinander zu unterscheiden sind, aber nicht leicht im Gedächtnis haften bleiben und sich dem liedhaften Impuls zum Nachsingen hartnäckig widersetzen. Anhaltspunkt dafür ist bereits der Sachverhalt, daß das H-Dur, worin sich ihr Verlauf nach und nach stabilisiert, in ihrem ersten Takt durch ein in beiden Stimmen ungleichzeitig auftretendes *his* geradezu dementiert wird. Erneut also deutet sich in diesem partikularen Moment eine Faktur an, in der das Frühere und das Spätere nicht einfach in ein gedankliches Zugleich aufgehoben werden können. Auf eine verkürzte Wiederholung des Gesangsthemas, die, als wäre der Satz bereits zu Ende, mit Kadenz abschließt, folgt, zunächst im Horn, ein weiters Thema, dessen charakteristisches Element in einer Pendelbewegung besteht, bei welcher der vierte und der fünfte Skalenton von H-Dur achtelweise mit dem zweiten abwechseln. Aus diesem Thema entwickelt Brahms einen Komplex nach dem Bauplan einer Fugenexposition, der vier Themeneinsätze im Zweitaktabstand präsentiert, dann aber, wie bereits das Cellothema, ohne Abschluß sich im Unbestimmten verläuft. Statt seiner taucht nun die Fortspinnung des Cellothemas wieder auf, die nun ebenfalls imitatorisch verarbeitet wird und schließlich in einen zweiten Kompositionsabschnitt mündet, der mit gänzlich neuem Material, vor allem aber mit einer völlig anderen metrischen Bewegung aufwartet.

Eine Interpretation, welche die Tempovorschrift, die den vorigen Grundschlag beizubehalten gebietet, in den Wind schlüge, käme bei dieser Stelle wohl zu einer Darbietung, die an einen von einer schon leicht angetrunkenen Dorfkapelle ausgeführten Walzer erinnerte. Das Adagio indes unterbindet jeden Jux und zaubert im Glücksfalle ein schwebendes Gebilde, dessen melodischer Faden metrisch zwar, aber im Versatz zum Metrum seiner Begleitung sich bewegt. Nach dem von den Beschwernissen der Kunst des Tönesetzens gezeichneten ersten Teils der Komposition scheint der Satz hier plötzlich wundersam entlastet und lichtdurchflutet, als habe eine unverhoffte Eingebung den geplagten Sinn des Komponisten zu begeistertem Fluge erhoben. Dieser Epoche der Inspiration ist indes kein Bestand beschieden, sie verschwebt, und an ihre Stelle tritt eine zähe, nur zu kleinräumig schrittweisem Aufundab fähige Triolenbewegung in engem, auf den Raum einer Duodezim zusammengedrängten Streichersatz, die dem luftigen Schweben ein erdverhaftetes Kleben entgegensetzt. Erstaunlicherweise ist es dann ausgerechnet dieses gewundene, nur mühsam sich hebende und senkende melodische Band, dessen Bearbeitung sich weite Bereiche des künftigen Satzverlaufs widmen. Im dritten Kompositionsabschnitt (T. 49 ff) fungiert es, nach Moll versetzt und mit leicht abgewandeltem Schluß, als Thema, das, zuerst von den Bläsern, später von den tiefen Streichern vorgetragen, mit wogenden Skalengängen und Akkordbrechungen kontrapunktiert wird, im vierten (T. 57 ff), wo der Kopf des Cellothemas und, später, auch jenes der Fagotte wieder auf den Plan tritt, durchsetzen und überwuchern seine Bruchstücke die Residuen aus dem ersten Kompositionsabschnitt, ohne auch nur im entferntesten mit diesen zu einer Synthese zu gelangen. Im siebten und letzten Kompositionsabschnitt schließlich (T. 92 ff) organisiert es sich, nun wieder in Dur, nocheinmal ungestört, um nach einer ephemeren Peripetie unvermittelt in sich zusammenzusacken und die verbleibenden Takte den thematischen Bruchstücken aus dem Anfang des Satzes zu überlassen.

Eine vollständige Bestandsaufnahme dieses seltsam komplexen Gebildes hat noch den fünften Kompositionsabschnitt (T. 68 ff) zu berücksichtigen, der die Wiederbegegnung mit sämtlichen Materialien des ersten arrangiert, die nun aber nicht wieder in die Gleichzeitigkeit projiziert, sondern nacheinander aufgereiht und mit triolischen Akkordbrechungen umrankt erscheinen, während der sechste (T. 87 ff) ein weiteres Mal neues Material in den Prozeß einspeist, das zu keinem aus den übrigen Kompositionsabschnitten in einem bestimmbaren Verhältnis steht. Die Synopsis dieser überaus heterogenen Teile des zweiten Satzes ergibt somit ein recht disparates Bild. Die Abschnitte eins, vier, fünf und die zweite Hälfte des siebten könnten, für sich betrachtet, als Variationenfolge aufgefaßt werden, ebenso jedoch, auf anderes thematisches Material bezogen, die Abschnitte drei, vier und die erste Hälfte des siebten. Diese Organisation läßt entfernt an den Typus des Variationensatz mit alternierendem Thema denken, den Joseph Haydn in seinen späten Sinfonien entwickelte, doch gründet sich dieser freilich auf das Vorhandensein genau zweier sorgsam unterschiedener und niemals gleichzeitig auftretender thematischer Materialien, deren variative Bearbeitung er in regelmäßigem Wechsel durchführt. Unintegrierbar in ein solches Konzept sind schließlich auch die Enklaven des zweiten und des sechsten Kompositionsabschnitts, die zwar in den Satzzusammenhang eingebettet sind, zu dessen musikalischer Substanz jedoch keinerlei verwandtschaftliche Beziehung unterhalten.

Ein logisches Konzept ist hinter einer derart unsystematischen Anordnung schwerlich auszumachen; eher ähnelt diese einem assoziativen Geschehen, das, statt einer rationalen Ordnung zu folgen, von zufälligen Anknüpfungen und Anstößen geleitet wird. Keines der Themen erfährt eine stringente Entwicklung, und jene Teile der Komposition, die hier als Variationen angesprochen wurden, stellen nicht eigentlich

Modifikationen der Themen selbst dar, sondern schaffen für diese vielmehr nur einen neuen Kontext. Assoziativem Verfahren entspricht überdies der Sachverhalt, daß viele der thematischen Gestalten nicht zu einem
distinkten Abschluß gelangen und sich stattdessen im Ungefähren verlieren, wie es eben geschieht, wenn der Geist nicht mit dem Verfolg eines
bestimmten Gedankens beschäftigt ist, sondern sich beiläufigen Einfällen
überläßt. Ist aber die Abfolge der Musik im Satz nicht von der gedanklichen Sache her geboten und könnte, was tatsächlich an späterer Stelle
steht, auch an früherer erscheinen ohne den Sinn des Ablaufs zu stören,
so ist auch hier die Versammlung der verschiedenen Teile des Satzes in
ein virtuelles Zugleich obsolet und die adäquate Rezeption vielmehr auf
ein sukzessives Eintauchen in unterschiedliche Stadien ausgerichtet. In
einigen dieser beschäftigt der Geist sich mit derselben Materie, in anderen wendet er sich einer anderen zu, und hie und da läßt er sich zu Vorstellungen verleiten, die nichts mit den übrigen Gegenständen seiner
Beschäftigung zu tun haben. Der Hörer, der sich das Ganze des Satzes vor
das innere Auge stellt und dessen Einzelheiten in ihrer gegebenen Ordnung sich zu vergegenwärtigen sucht, wird zu keinem befriedigenden
Aufschluß gelangen und das Stück als jene Fehlkonstruktion beiseite le-
gen, die es nach beethovenschen Kriterien tatsächlich ist. Wer sich hingegen in eine Welt schwankender geistiger Befindlichkeiten und
Gemütszustände entführen läßt, bereit, Unzusammengehöriges miteinander zu vermischen und sich auf bald süße, bald bittere Ausflüge mitnehmen zu lassen, die doch an kein Ziel führen, wird daran Genuß und
Befriedigung finden. Die diesem Sachverhalt zugrundeliegende Umorien-
tierung der musikschöpferischen Konzeption ist genau besehen nur die
Konsequenz des Eindringens des ästhetischen Programms der Romantik
in das Gebiet der Musik, das sich anderwärts vor allem durch die

Ablösung der traditionellen Formen von Sonate und Sinfonie durch Fantasien, Albumblätter und Moments musicaux bemerkbar machte. Daß gerade Brahms, der im Bewußtsein gewiß eher restaurativen Ideen nachhing, dieses Programm auf die klassische Disziplin der Sinfonie applizierte, dokumentiert beredt die Übermacht, die geistige Strömungen über den individuellen Akteur ausüben können.

Variationssatz im weitaus strengeren Sinne ist der dritte Satz der Sinfonie, da er in der Tat ein in einem liedhaften Eingangsteil aufgestelltes Thema einer Reihe von Umformungen unterwirft, die sich zu eigenen kleinen Sätzchen konstituieren. Ausgangspunkt ist ein ländlerartiges Gebilde von anmutiger Melodik und gefälliger harmonischer Unterfütterung, das in zweiunddreißig Takten eine Liedstrophe mit angedeuteter Reprise organisiert. Seine erste Ableitung nimmt bereits eine Verfremdung der Originalform auf allen Ebenen vor, denn sie versetzt dessen dreiteiliges Metrum in ein vierteiliges, überführt das gemächliche *quasi andantino* in ein *Presto* und vertauscht den gesangstypischen Legatogestus gegen ein prasselndes Staccato. Die Abkunft dieser Musik aus dem Anfangsteil des Satzes ist indes unüberhörbar, denn die Tonfolge seiner ersten Takte ist unverändert übernommen und produziert auf diese Weise ein Verhältnis, in welchem das Thema mit sich identisch und zugleich sich unähnlich ist. Eine noch wesentlich stärker verfremdete, in verzerrter Umkehrung auftretende, wenngleich wieder dreizeitiger Metrik gehorchende Ableitung, die ohne das Mittelglied der vorausgehenden nicht erkennbar wäre, stellt eine zweite Variation dar, die jedoch nicht in direktem Anschluß, sondern erst nach einer Reminiszenz des Themas und einer fremdes Material einführenden Überleitung eintritt. Wo Mozart, Beethoven und Schubert, aber auch Schumann noch, lange Ketten von Variationen ungeniert aneinanderreihten, voraussetzend, daß der Hörer im Übergang von einer zur nächsten den Rückbezug zum Thema schon wiederherzustellen vermöge, scheint Brahms dessen tönende Erinnerung für notwendig erachtet zu haben, gleichsam als nehme er Rücksicht darauf, daß die von der Faktur der vorangehenden Sätze begünstigte unmittelbare Rezeption die Bereitschaft des Hörers, ein Späteres in seiner Beziehung auf ein Früheres zu betrachten, herabgesetzt habe. Anzunehmen, daß ein aus einer Folge von Variationen bestehender Satz bereits nach der ersten der Vergegenwärtigung seines Themas bedürfe, bedeutet zum einen, daß dessen Schöpfer seine Musik in vergehender Zeit ablaufend denkt, zugleich aber auch, daß Kurzweil und Zerstreuung des Publikums bei der Erstellung des Werks schon mitgedacht sind. Die Befürchtung, es könne das irrlichternde Gehusche des Presto die friedvolle Idylle des Ländlers vergessen gemacht haben, kann nur unter Voraussetzung eines musikalischen Erlebens entstehen, das sich an den Augenblick verliert. Erst die Möglichkeit des Abhandenkommens verlangt nach einer Vorkehrung, damit dies nicht geschehe.

Ein anderes Moment dieses Satzes besteht in seinem Versuch, die beiden eingebürgerten Formen, unter denen dritte Sätze von Sinfonie und Sonate erscheinen, miteinander zu verschränken. Seit Joseph Haydn ist der dritte Satz der Ort der Volkstümlichkeit, an dem die Musik nach den gedanklichen und emotionalen Herausforderungen der beiden vorausgehenden Stücke der Unterhaltsamkeit Tribut zollt. Daß dies mittels eines Rückgriffs auf einen Mitte des achtzehnten Jahrhunderts bereits seit längerem aus der Mode gekommenen höfischen Tanz geschah, war Konzession und Reminiszenz zugleich, bestand doch zu Zeiten des Absolutismus die Aufgabe der Instrumentalmusik ausschließlich in Divertissement und

Delektion der höfischen Gesellschaft. Unter den Händen von Beethoven und Schubert eignete sich das Menuett zwar auch Momente einer musikalischen Aussage an, ohne jedoch seinen Unterhaltungscharakter gänzlich abzustreifen. Sein Ersatz durch das Scherzo war daher der Versuch, das Behäbige, Altbackene des Menuetts gegen Esprit und Witz einzutauschen, aber gleichzeitig dessen auflockernde Funktion zu bewahren. Brahms spielt im dritten Satz seiner zweiten Sinfonie auf das traditionelle Menuett nur an, überführt dieses aber durch das gemächliche Tempo und einen schwebenden melodischen Gestus in eine Musik von heiterer Besinnlichkeit, die mehr mit der Szene am Bach aus Beethovens Pastorale als mit den choreographisch abgezirkelten Bewegungen barocker Tanzgesellschaften gemein hat. Hätte Brahms ein gewöhnliches Menuett geschrieben, so hätte sein Versatz mit einem Scherzo lediglich eine historisch-stilistische Übung dargestellt. Die Herauslösung des Menuetts aus seinem musikhistorischen Kontext jedoch, seine Anreicherung mit schilderndem Potential und seine Verknüpfung mit einem Scherzo, das zu ihm im Verhältnis einer Variation steht, verleihen dem Satz eine hintergründige Note. Entdecken zu müssen, daß der flackernde Spuk der beiden Variationen in solch stiller Beschaulichkeit verborgen liege und gewissermaßen deren Wechselgestalt ausmache, importiert ein Ironisches in diese Sinfonie, das, wenigstens für den Augenblick, zu dem Gedanken verführt, es könnten auch die vorausgehenden musikalischen Entitäten eine solche ihren Ernst spöttisch dementierende Nebennatur besitzen.

Die herkömmlichste Anlage unter den vier Sätzen besitzt der letzte, der getreuer als der Kopfsatz der Sinfonie dem klassischen Muster der Sonatenhauptsatzform gehorcht. Überlagert wird dieser Sachverhalt in der Wahrnehmung allerdings durch das Faktum, daß erstes und zweites

Thema zwar materiell deutlich unterschieden, in der energisch fließenden Bewegung, die fast den gesamten Satz beherrscht, aber vereint sind. Das erste Thema ist, wie es vielen melodischen Erfindungen von Brahms gemein ist, als musikalische Gestalt wenig prägnant und scheint vor allem auf die spätere Ausbeutung seiner Tonfolge hin konzipiert. Sein achttaktiger Vordersatz bewegt sich, von seinem ersten Takt abgesehen, fast ausschließlich in Vierteln und formuliert in seinem fünften Takt ein intervallisches Modell, das sofort wiederholt wird, um dann als dominierende Figur des ebenfalls achttaktigen, aber aus der vierfachen Wiederholung einer Zweitaktgruppe gebildeten Nachsatzes herangezogen zu werden. An diese Themenexposition schließt sich nach einer siebentaktigen Überleitung ein Komplex von vierundfünfzig Takten an, dessen Musik nahezu vollständig am Material dieses Themas gespeist ist, ohne daß sich behaupten ließe, daß sie dieses entwickle. Eher hält sie damit haus, als sei es Brahms vor allem darum zu tun gewesen, einen ungefähr vorausbestimmten Zeitraum auf musikalisch vielseitige Weise zu füllen, ohne ungehörig viele Vorräte zu verbrauchen. Das zweite Thema (T. 78), wie schon das des ersten Satzes teilweise zweistimmig in Sextparallelen vorgetragen, besteht aus acht wiederum vorwiegend in Viertelbewegung voranschreitenden Takten, die, nachdem sie zuerst in den Streichern erklangen, sogleich von den Bläsern wiederholt und dann mit einer Sequenzierung ihrer Schlußwendung verlängert werden. Als Kontrapunkt dient dem zweiten Thema raffinierterweise eine aus den ersten fünf Noten des ersten Themas entwickelte Achtelfigur, die jenem in langen Ketten unterlegt ist. In dieser Konstellation sind in der Tat die Begriffe des Haupt- und des Seitenthemas gerechtfertigt, da das erste weite Teile der Exposition bestimmt, während das zweite nur als Enklave ohne weiterreichende Auswirkung in den Satz eingebaut ist. Unthematische, mit

Elementen aus dem ersten Thema untermischte Passagen leiten über zur Schlußgruppe (T. 142), die sich durch ihren scharfen lombardischen Rhythmus auszeichnet. Eine Durchführung im eigentlichen Sinne findet nicht statt, vielmehr entnimmt Brahms der ersten Viertaktgruppe des ersten Themas ihren letzten Takt, um ihn in verschiedener Form abzuwandeln und von dort aus zu meist dreitönigen Floskeln und Flöskelchen zu gelangen, die er miteinander kontrapunktiert. Der thematischen Arbeit einer Durchführung verwandter ist hingegen die ausgedehnte Überleitung (T. 206 -243), die in einem über sechsunddreißig Takte sich hinziehenden Ritardando die Folge der vier ersten Töne des ersten Themas durch Verdopplung der beiden ersten zu einer Sextolengruppe umbaut und durch deren entwicklungslose, nur in Kolorit und Tonarten changierende Aneinanderreihung einen Latenzzustand des Satzes herbeiführt, der sich wohltuend von der erregten Geschäftigkeit seiner Umgebung abhebt. Später gesellt sich auch der Kopf des Nachsatzes des ersten Themas hinzu, erscheint schließlich in augmentierter Gestalt und führt so einem Schluß dieses Satzes entgegen, den die zwar pianissimo, aber abrupt ins Tempo zurückkehrende Reprise vereitelt (T. 244). In dieser präsentiert sich der mit dem ersten Thema zusammenhängende Komplex um etwa die Hälfte verkürzt, während der übrige Teil der Exposition vom zweiten Thema an weitgehend identisch übernommen wird. Überraschenderweise hängt Brahms an die Schlußgruppe dann einen Abschnitt an, der Anklänge an das Seitenthema enthält, geradezu als bereue er, diesem nicht mehr Aufmerksamkeit gewidmet zu haben, läßt die Musik aus dem piano bis ins machtvolle fortissimo aufbrausen, bricht ab und kommt, gewissermaßen den vor Beginn der Reprise angebahnten Abschluß des Satzes wieder aufgreifend, noch einmal auf die Sextolengestalt des ersten Themenkopfs zurück. Auch diesmal indes gelingt es dieser nicht, ein beruhigtes, stilles Ende der Sinfonie herbeizuführen, ja sie findet schon erst gar nicht in das vorige Ritardando und wird stattdessen nach wenigen Takten durch einen aus voller Kehle erschallenden, martialisch auftrumpfenden und mit aufstachelnden Staccatoakkorden unterfütterten Siegesgesang zum Ersticken gebracht, zu dem sich Elemente aus dem Fundus des ersten Themas mit unthematischen Elementen zusammenscharen, ehe endlich ein Derivat des Seitenthemas im fortissimo der Blech- und Holzbläser, unversehens zu triumphaler Attitüde mutiert, den Satz beschließt.

Nicht nur der Finalsatz, sondern die gesamte Sinfonie liefert Anlaß zu der Erkenntnis, daß die Degression des Themas ins schiere Material den Nachteil mit sich führt, seine Aussage der freien Willkür zu überlassen; denn während das Thema seine ursprüngliche Charakteristik und damit seine expressive Grundausrichtung niemals ganz abstreifen kann, sondern noch in seiner extremsten Umgestaltung als Rückbezug bei sich führt, ist eine Folge von Tönen oder Intervallen als Baumaterial für musikalische Texte bezüglich seiner Aussage vollkommen neutral und fügt sich der Intention dessen, der es gebraucht. Die alte Minore-Version eines Themas in der Variationenfolge kann nicht vergessen, wie ihre Maggioregestalt aussah, ja sie bedarf der Erinnerung an sie, um sich selbst zu begreifen – die Nebensächlichkeit, mit welcher das Hauptthema des letzten Satzes in Brahms zweiter Sinfonie einsetzte, erhebt aber nicht den geringsten Widerspruch gegen die martialische Attitüde, mit welcher es am Schluß daherkommt. Das Material gestattet den Mißbrauch, das Thema verweigert sich ihm, wenn es nicht selbst schon zum Mißbrauch geschaffen ist. Brahms schien ein Bedürfnis zu verspüren, seine Sinfonie mit einer machtvollen Gebärde zu beschließen, und er konnte ihm entsprechen, weil die musikalischen Substanzen, mit denen er umging, es ihm gestatteten, obwohl nichts an diesem allenfalls umtriebigen Finalsatz zu einem solchen Abschluß aufgelegt war. Die Transformation des Komponisten von einem Schöpfer, der seine Macht der Logik des Systems verdankt, mit welchem er umgeht, und nur im bedachten Umgang mit dessen Möglichkeiten wirksam werden kann, zu einem, der, diese Logik außer Kraft setzend, es despotisch beherrscht, deutet sich in solcher Veränderung an, und sie radikalisiert sich weiter bis tief ins zwanzigste Jahrhundert hinein.

06.02.2001; Foto: Norma Langohr; aus dem Archiv der Universität Bielefeld.

Universitätsorchester in Deutschland
Von Laienmusik und Wohlbefinden

Isaak Dieme

„Kulturelle Techniken und Teilhabe, etwa Musik, Kunst und Sport in Laienbereichen, bilden wichtig Grundlagen für individuelles Wohlbefinden und sind somit unabdingbar für ein zukunftsfähiges, integratives Konzept von Gesundheit geworden."[1]

Diese Zeilen schrieben Gunter Kreutz, Professor für systematische Musikwissenschaft[2], und Richard von Georgi, Professor für Medienpsychologie und Leiter des Berlin Institute of Biomusicology and Empirical Research[3], in einem Aufsatz im *Handbuch Musikpsychologie*, welcher sich mit verschiedenen Theorien, Modellen und empirischen Befunden über das Laienmusizieren und dessen Auswirkungen auf das menschliche Wohlbefinden befasst. Im Zentrum steht dabei die These, dass musikbezogene Kompetenzen jeglicher Art als eine Form von individuellen Ressourcen gelten, welche dazu genutzt werden können, das eigene subjektive Wohlbefinden zu verbessern. Der Begriff „Wohlbefinden" sei dabei, wie von den Autoren hervorgehoben, stetigen Neubewertungen der

---

[1] Gunter Kreutz und Richard von Georgi: „Musikhören, Singen, Tanzen und Musizieren: Beiträge zum Wohlbefinden", in: *Handbuch Musikpsychologie*, hrsg. von Andreas Lehmann und Reinhard Kopiez, Bern: Hogrefe Verlag 2018, S. 644.

[2] Carl von Ossietzky Universität Oldenburg: *Prof. Dr. Gunter Kreutz*, https://uol.de/gunter-kreutz, abgerufen am 13.02.2025.

[3] University of Applied Sciences Heidelberg: *Prof. Dr. M. A. Dipl.-Psych. Richard von Georgi*, https://www.srh-university.de/de/hochschule/hochschulteam/von-georgi-richard/, abgerufen am 13.02.2025.

medizinischen sowie psychologischen Forschung unterworfen und hänge im Laufe des Lebens eines Individuums stetig von zahlreichen inneren und äußeren Einflüssen ab. Ebenso zentral sind die weiteren Thesen, dass Laien und Expert:innen das Musikhören in einer sehr ähnlichen Art und Weise verarbeiten und dass die meisten Menschen während ihres Lebens über ein musikalisches Vorstellungs- und Handlungsvermögen verfügen, welches für gemeinsame musikalische Tätigkeiten genutzt werden kann. Gleichwohl werfen die Autoren nach der Elaboration verschiedener Auswirkungen musikalischer Aktivitäten auf das menschliche Wohlbefinden beim instrumentalen Musizieren die Frage auf, was den persönlichen Nutzen im „privaten oder institutionalisierten Instrumentalspiel im Amateurbereich" darstelle, und halten fest, dass musikalische Aktivitäten weitläufige Potenziale für das Wohlbefinden und die Gesundheit, z. B. durch das Nutzen individueller Ressourcen für gemeinschaftliche Tätigkeiten, bereithalten.[4]

Auf eben diese Fragestellung nach dem dem Laienmusizieren zugrunde liegenden Nutzen und besonders auch nach der Motivation von Laienmusiker:innen sowie ihrem Selbstverständnis geht die Musikpädagogin Claudia Kayser-Kadereit[5] in ihrem Buch *Das Laiensinfonieorchester im Horizont von Anspruch und Wirklichkeit*[6] ein. Auch untersucht sie dort die

---

[4] Kreutz und v. Georgi: *Musikhören, Singen, Tanzen und Musizieren* (wie Anm. 1), S. 641–661.

[5] Universität Osnabrück: *Dr. phil. Claudia Kayser-Kadereit,* https://www.musik.uni-osnabrueck.de/praxis/mitarbeiterinnen/umd_dr_claudia_kayser_kadereit.html, abgerufen am 13.02.2025.

[6] Kayser-Kadereit, Claudia: *Das Laiensinfonieorchester im Horizont von Anspruch und Wirklichkeit. Eine Studie zum Selbstverständnis, zum Repertoire, zu künstlerischen und strukturellen Entwicklungen nebst orchesterpädagogischen Schlussfolgerungen* (Bernhard Müßgens und Martin Gieseking (Hrsg.): *Osnabrücker*

„Polarität von Freizeitspaß und Leistungswillen",[7] in der sich Laienorchesterarbeit stets wiederfinde. Als Beispiel dafür können die konkreten Orchesterproben gelten: dort kann die Orchesterarbeit als Lernprozess angesehen werden, in welchem die Absicht verfolgt wird, Orchesterliteratur zielgerichtet zu erschließen. Dafür muss sich sowohl jede:r Einzelne als auch das Orchester als Ganzes mit dem Gegenstand auseinandersetzen. Nach vielen Proben werden z. B. motorische, soziale oder aber auch musiktheoretische Fertigkeiten und Erkenntnisse gewonnen, auf die zum Zweck des gemeinsamen Musizierens, welches nun auf einem höheren Niveau als noch zu Beginn der Proben stattfindet, zurückgegriffen werden kann.[8]

Schaut man nun auf Kreutz' und von Georgis Ausführungen zurück, kann der eben beschriebene Lernprozess in den kontinuierlichen Laienorchesterproben ein Wachsen der individuellen inneren Ressourcen hervorrufen, welche wiederum in weiteres gemeinsames Musizieren und somit eine Steigerung des eigenen Wohlbefindens investiert werden können.

Die eben dargelegten Ansätze geben selbstverständlich nur einen sehr kleinen Einblick in die Überschneidung der beiden großen Disziplinen der Musikpsychologie und Musikpädagogik, dennoch lassen diese einleitenden Worte die Statistik des Musikinformationszentrums wenig überraschend erscheinen, welche aufzeigt, dass in den Jahren 2019/20 insgesamt 1.619.100 Mitglieder in Amateur-Instrumentalverbänden verzeichnet worden waren. Diese Verbände setzen sich sowohl aus

---

Beiträge zur Musik und Musikerziehung, Bd. 3), Osnabrück: epOs Music (zugleich Osnabrück, Univ., Diss., 1999) 2002.
[7] Ebd., S. 1.
[8] Ebd., S. 4f.

zahlreichen weltlichen und kirchlichen Einrichtungen wie u. a. aus Spiel-mannszügen, Sinfonie- oder instrumentenspezifischen Orchestern als auch aus Instrumentalensembles zusammen.[9]

In die Kategorie der Sinfonieorchester kann man nun auch diejenigen Or-chester einordnen, welche an eine Universität angegliedert sind. Die so-genannten „Universitätsorchester" setzen sich dabei aber nicht nur aus Angehörigen der jeweiligen Universität zusammen, sondern bestehen oftmals zu großen Teilen aus Bürger:innen oder auch Absolvent:innen, welche ein Instrument beherrschen. Recherchiert man einmal im Inter-net nach verschiedenen Universitätsorchestern in Deutschland, entsteht bereits nach kurzer Zeit der Eindruck, dass kaum eine Universität exis-tiert, an welcher kein Orchester ansässig ist. Vielmehr entdeckt man eine Fülle an verschiedenen Universitätsorchestern, die durchaus viele Ge-meinsamkeiten aufweisen. Neben den Projekten mit sinfonischer Beset-zung nutzen z. B. viele Universitätsorchester die Möglichkeit, ihre Mitglieder auch zu kammermusikalischen Tätigkeiten zu motivieren; zwei Beispiele unter den zahlreichen Universitäten, an denen kammer-musikalische Aktivitäten gefördert werden, sind die Orchester an der Heinrich-Heine-Universität in Düsseldorf[10] oder auch die Friedrich-Ale-xander-Universität in Erlangen, die sogar ein digitales „schwarzes Brett" zur Erleichterung des Findens geeigneter Mitmusiker:innen eingerichtet

---

[9] Deutsches Musikinformationszentrum: *Mitglieder in den Verbänden des instru-mentalen und vokalen Amateurmusizierens*, Bezugsjahr 2019/20, https://miz.org/de/statistiken/mitglieder-in-den-verbaenden-des-instrumen-talen-und-vokalen-amateurmusizierens, abgerufen am 13.02.2025.
[10] Heinrich-Heine-Universität: *Kammermusik innerhalb des Orchesters*, https://www.uniorchester.hhu.de/ueber-uns/kammermusik, abgerufen am 13.02.2025.

hat.[11] An der Ruhr-Universität Bochum hat sich wiederum neben dem regulären Sinfonieorchester aus studentischer Initiative heraus 2014 ein Sinfonisches Blasorchester gegründet, welches nun seit über 10 Jahren das Angebot des dort ansässigen musischen Zentrums erweitert. Das Programm deckt dabei neben der sinfonischen Blasmusik auch Film- und Popmusik, Jazz-Arrangements oder Originalkompositionen für Blasorchester ab.[12]

Welchen Höhen und Tiefen ein Universitätsorchester ausgesetzt sein kann, zeigt die Historie der Akademischen Orchestervereinigung (AOV) Göttingen, welche 1906 als symphonisches Orchester der Georg-August-Universität zu Göttingen gegründet wurde.[13] In einer von Mitgliedern kuratierten Ausstellung zum 111-jährigen Bestehen der AOV im Jahr 2017 wurde eindrucksvoll dokumentiert, in welcher Weise das Orchester nach seiner Gründung den Auswirkungen des Ersten und Zweiten Weltkriegs, der NS-Zeit sowie der Nachkriegszeit ausgesetzt war. Nachdem der Musizierbetrieb im Ersten Weltkrieg komplett eingestellt wurde, gründete sich das Orchester 1918 neu und führte am 26.06.1920 erstmals die Oper *Rodelinde* von Georg Friedrich Händel auf. Aufgrund der positiven Resonanz wurden während der darauffolgenden Jahre immer wieder andere Händel-Opern aufgeführt, bis anlässlich des großen Arbeitsaufwandes vermehrt professionelle Musiker:innen hinzugezogen wurden. Später

---

[11] Friedrich-Alexander-Universität: *Universitätsorchester Erlangen*, https://www.musik.fau.de/ensembles/uni-orchester/#collapse_5, abgerufen am 13.02.2025.
[12] Ruhr-Universität Bochum, Musisches Zentrum: *Studentische Ensembles. Sinfonisches Blasorchester der RUB*, https://mz-rub.de/musik-studentische-ensembles/, abgerufen am 13.02.2025.
[13] Akademische Orchestervereinigung Göttingen: *Orchester*, https://www.aov-goettingen.de/orchester/, abgerufen am 13.02.2025.

übernahm die 1931 gegründete Händelgesellschaft das separate AOV-Festspielorchester sowie die Regie der daraus resultierenden Händel-Festspiele, welche auch heute noch in Göttingen zu erleben sind.[14]

Während der NS-Zeit und des Zweiten Weltkriegs konnte der Orchesterbetrieb nur innerhalb enger Grenzen fortgesetzt werden. Die Lage des Dirigenten Prof. Dr. Wolfgang Stechow, Professor für Kunstgeschichte und Leiter des Orchesters von 1924 bis 1927 und 1928 bis 1933, spitzte sich allerdings aufgrund seiner jüdischen Abstammung immer weiter zu. 1936 wanderte er dann in die USA aus, um am Oberlin College in Ohio zu lehren.[15]

Die Ausstellung zum 111-jährigen Bestehen der AOV ist mit zahlreichen Fotos und Zeitungsanzeigen früherer Zeiten angereichert, außerdem gibt es eine Transkription des Tagebuchs von Willi Rekopf, der von 1912 bis 1946 in der AOV mitspielte und zwischen 1920 und 1946 deren Vorsitzender war. Das Tagebuch liegt der AOV als Originaldokument im Archiv vor, darin sind wichtige Gründungsdaten zu finden, ebenso konnten daraus für die Ausstellung wichtige Rückschlüsse über die äußeren und inneren Umstände und Vorgänge des Orchesters über viele Jahre hinweg gewonnen werden.[16]

Ob Universitätsorchester nun schon über viele Jahre hinweg bestehen oder doch eher ein jüngeres Gründungsdatum aufzuweisen haben, in

---

[14] Akademische Orchestervereinigung Göttingen: *AOV 111. Akademische Orchestervereinigung Göttingen 1906-2017. Die Händel-Renaissance,* https://www.aov-goettingen.de/wp-content/uploads/2017/03/Ausstellung_111_komplett.pdf, abgerufen am 13.02.2025.
[15] Ebd., *Dirigenten.*
[16] Akademische Orchestervereinigung Göttingen: *111 Jahre AOV,* https://www.aov-goettingen.de/111-jahre-aov/, abgerufen am 13.02.2025.

einem sind sich alle gleich: Sie stellen Orte dar, an denen die verschiedensten Menschen zusammenkommen, um gemeinsam Musik zu machen. Manche auf höherem, andere auf niedrigerem Niveau, manche in großer, andere in kleinerer Mitgliederanzahl, manche Musiker:innen haben bereits jahrelange Orchestererfahrung, andere trauen sich zum ersten Mal an das Orchesterspiel heran. Und das gemeinsame Musizieren kann Musiker:innen sogar über Landesgrenzen hinaus verbinden, wie beispielsweise im *European Network of University Orchestras*[17] oder *European Student Orchestra.*[18] Neben vielen weiteren Gründen, welche zum gemeinsamen Musikmachen motivieren, scheinen die Freude an der Musik und am Lernen, die sozialen Kontakte sowie eine Steigerung des eigenen Wohlbefindens durch gemeinsame kulturelle Teilhabe bei vielen Musizierenden eine wichtige Rolle zu spielen.

Quellen

Akademische Orchestervereinigung Göttingen: *AOV 111. Akademische Orchestervereinigung Göttingen 1906-2017,* https://www.aov-goettingen.de/wp-content/uploads/2017/03/Ausstellung_111_komplett.pdf, abgerufen am 13.02.2025.

Akademische Orchestervereinigung Göttingen: *Orchester,* https://www.aov-goettingen.de/orchester/, abgerufen am 13.02.2025.

Carl von Ossietzky Universität Oldenburg: *Prof. Dr. Gunter Kreutz,* https://uol.de/gunter-kreutz, abgerufen am 13.02.2025.

---

[17] *European Network of University Orchestras* [Homepage], https://www.enuo.eu/w/en/, abgerufen am 13.02.2025.
[18] *European Student Orchestra* [Homepage], https://esorchestra.eu/, abgerufen am 13.02.2025.

Deutsches Musikinformationszentrum: *Mitglieder in den Verbänden des instrumentalen und vokalen Amateurmusizierens*, Bezugsjahr 2019/20, https://miz.org/de/statistiken/mitglieder-in-den-verbaenden-des-instrumentalen-und-vokalen-amateurmusizierens, abgerufen am 13.02.2025.

European Network of University Orchestras [Homepage], https://www.enuo.eu/w/en/, abgerufen am 13.02.2025.

European Student Orchestra [Homepage], https://esorchestra.eu/, abgerufen am 13.02.2025.

Friedrich-Alexander-Universität: *Universitätsorchester Erlangen*, https://www.musik.fau.de/ensembles/uni-orchester/#collapse_5, abgerufen am 13.02.2025.

Heinrich-Heine-Universität: *Kammermusik innerhalb des Orchesters*, https://www.uniorchester.hhu.de/ueber-uns/kammermusik, abgerufen am 13.02.2025.

Kayser-Kadereit, Claudia: *Das Laiensinfonieorchester im Horizont von Anspruch und Wirklichkeit. Eine Studie zum Selbstverständnis, zum Repertoire, zu künstlerischen und strukturellen Entwicklungen nebst orchesterpädagogischen Schlussfolgerungen* (Bernhard Müßgens und Martin Gieseking (Hrsg.): *Osnabrücker Beiträge zur Musik und Musikerziehung*, Bd. 3), Osnabrück: epOs Music (zugleich Osnabrück, Univ., Diss., 1999) 2002.

Kreutz, Gunter und Richard von Georgi: „Musikhören, Singen, Tanzen und Musizieren: Beiträge zum Wohlbefinden", in: *Handbuch Musikpsychologie*, hrsg. von Andreas Lehmann und Reinhard Kopiez, Bern: Hogrefe Verlag 2018.

Ruhr-Universität Bochum, Musisches Zentrum: *Studentische Ensembles. Sinfonisches Blasorchester der RUB*, https://mz-rub.de/musik-studentische-ensembles/, abgerufen am 13.02.2025.

University of Applied Sciences Heidelberg: *Prof. Dr. M. A. Dipl.-Psych. Richard von Georgi*, https://www.srh-university.de/de/hochschule/hochschulteam/von-georgi-richard/, abgerufen am 13.02.2025.

Universität Osnabrück: *Dr. phil. Claudia Kayser-Kadereit,* https://www.musik.uni-osnabrueck.de/praxis/mitarbeiterinnen/umd_dr_claudia_kayser_kadereit.html, abgerufen am 13.02.2025.

Im Mittelpunkt der Laienmusik steht der Ausführende

Vom Dilettantismus als Ausdruck des Daseins des Einzelnen

Lara Venghaus

„Freylich kann in einem solchen Concert, wo man den Liebhabern gestattet mit zu spielen, und wo der größte Theil der Musicirenden Liebhaber sind, nicht die vollkommene Ordnung und Gleichheit herrschen, die man nur von einer wohlgeübten Capelle verlangen kann; allein wenn sie große Musiken aufführen, zu welchen sie einige Proben zu halten pflegen, so kann ihnen kein aufrichtiger und unpartheyischer Mann seinen Beyfall versagen; und man muß sich wundern, daß es eine solche ungleiche Gesellschaft zu dem Grade der Gleichheit und Ordnung bringen kann, den man alsdann wirklich da findet."[1]

Was sich liest wie die Beschreibung eines Konzertes des Universitätsorchesters Bielefeld, entstammt der Feder des bedeutenden Berliner Komponisten Johann Friedrich Reichardt. Er wohnte, so berichtet er es im Jahre 1774 in seinen „Briefen eines aufmerksamen Reisenden die Musik betreffend", einem sogenannten Liebhaberkonzert im Corsicaischen Hause, in der Nähe des Zeughauses zu Berlin, bei. Die Besonderheit dieser Liebhaberkonzerte liegt in der Ausführung durch Amateure, wenngleich

---

[1] Johann Friedrich Reichardt: *Briefe eines aufmerksamen Reisenden die Musik betreffend*. Frankfurt und Leipzig 1774, S. 33.

freilich angenommen werden darf, dass die damaligen Laien durchaus achtbare Fähigkeiten im Instrumentalspiel besaßen. Heutzutage ist die deutsche Kulturlandschaft mit Laienmusikvereinigungen mehr als reich gesegnet, eine Repräsentativbefragung, die im Auftrag des miz (Musikinformationszentrums) im November und Dezember 2020 vom Institut für Demoskopie Allensbach durchgeführt wurde, ergab, dass 19 % der deutschen Bevölkerung ab 6 Jahre in ihrer Freizeit musizieren, was 14,3 Millionen Menschen entspricht.[2] Zehn bundesweit agierende Dachverbände des Amateurmusizierens sowie einzelne regionale Chorverbände, die Evangelische Kirche in Deutschland und die katholische Kirche meldeten, dass bei ihnen in den Berichtsjahren 2019/2020 in knapp 88.000 Orchestern, Chören und Ensembles insgesamt ca. 3.587.000 Mitglieder musizierten.[3]

Von diesem Reichtum war die Bevölkerung des 18. Jahrhunderts noch weit entfernt. Musik war häufig den höfischen Kontexten vorbehalten, eine bürgerliche Musikkultur des Hörens, das heißt, der Besuch von öffentlichen Konzerten, begann sich erst langsam zu entwickeln, und Laienchöre und -orchester waren abseits von der privaten Hausmusik nicht existent. Mit dem anbrechenden 19. Jahrhundert setzt hier jedoch eine Veränderung ein, die sich besonders schön an der Geschichte der Singakademie zu Berlin nachvollziehen lässt.

Karl Friedrich Christian Fasch, 1756 an den königlichen Hof nach Potsdam berufen, wo er im Wechsel mit Carl Philipp Emanuel Bach täglich den

---

[2] https://miz.org/de/statistiken/amateurmusizieren-in-deutschland, letzter Zugriff am 21.01.2025 um 11:33 Uhr
[3] https://miz.org/de/statistiken/mitglieder-in-den-instrumentalverbaenden-des-amateurmusizierens, letzter Zugriff am 21.01.2025 um 11:34 Uhr.

Flöte spielenden König am Klavier begleitete, widmete sich rege der Tätigkeit des Unterrichtens und gründete 1790 mit seinen Schülern ein kleines, zwölfköpfiges Vokalensemble, zunächst zu dem Zwecke, seine eigenen mehrstimmigen, sakralen Kompositionen gemeinsam zu singen. Georg Schünemann weist in seinem Buch „Die Singakademie zu Berlin", welches er anlässlich des 150jährigen Bestehens dieser verfasste, darauf hin, dass „für die Schüler und Freunde Faschs [...] die Aufgabe eine ungewohnte Leistung [bedeutete], nicht des harmonischen Satzes wegen, sondern eher wegen des Zusammen- und Ineinandergehens der Stimmen, das den meisten unbekannt und schwierig war."[4] Ab April 1791 versammelte sich dieser mittlerweile auf 22 Stimmen angewachsene Chor jeden Dienstag zum gemeinsamen Singen. Zu diesem Zeitpunkt integrierte sich auch Carl Friedrich Zelter in das Ensemble und wurde bald zum unverzichtbaren Assistenten seines Lehrers, wodurch es nur naheliegend erschien, dass er nach Faschs Tod im August 1800 dessen Position als Leiter der Singakademie übernahm. Der Ausbildung nach war Zelter Maurer, „der Musik widmete er sich als Liebhaber im alten Sinne: er musizierte am Klavier, spielte Violine und Bratsche im Konzert und Singspiel, dirigierte ein kleines Liebhaberkonzert und schrieb Kirchenmusik, Klavier-, Lied- und Kammermusik."[5] Die Leitung der Singakademie war ihm „eine Ehrenaufgabe, eine Verpflichtung dem verstorbenen Lehrer und Freund und der eigenen Kunstanschauung gegenüber."[6] Unter seiner Ägide wuchs der Chor auf eine immense Stärke an, bereits 1804 berichtet er Goethe von mittlerweile 200 Mitgliedern, 1827 musste gar eine

---

[4] Georg Schünemann: *Die Singakademie zu Berlin*. Regensburg 1941, S. 14.
[5] Ebd., S. 23.
[6] Ebd.

Vorschule für die Singakademie eingerichtet werden, um den Ansturm an Neumitgliedern zu bewältigen. Und auch das Repertoire erweiterte sich, von reinen a capella-Sätzen hin zu Werken mit Instrumentalbegleitung. Während zunächst, um die Verflechtung der Stimmen erfahrbar zu machen, diese Begleitung für den Chor gesetzt und gesungen wurde, kam Zelter auf die Idee, „eine eigene ‚Orchesterschule' ins Leben zu rufen, mit der er proben und im Sinne seiner Kunstauffassung arbeiten konnte."[7] Diese Idee mündete im April 1807 in die Gründung der sogenannten Ripienschule, in welcher in jeder Stimme ein professionell ausgebildeter Musiker die übrigen Amateure in wöchentlichen Proben anleitete. Gemäß Zelters Journal für diese Ripienschule fanden sich hier „10 erste, 10 zweite Geigen, 8 Bratschen, 8 Celli, 4 Bässe, 3 Flöten, 2 Oboen, 2 Hörner, 3 Fagotte, 3 Trompeten und Pauken"[8] zusammen. Eine profunde Besetzung, „die aber laut Anwesenheitsliste selten vollzählig beisammen war"[9] – auch diese Anmerkung lässt sich ohne Mühe auf die heutige Probenarbeit des Universitätsorchesters Bielefeld übertragen. Im Internet finden sich gar Aussagen, die dieses Ensemble als „Ursprung der ‚Berliner Philharmoniker'"[10] bezeichnen, und wenngleich diese These nicht unzweifelhaft belegt werden kann, so lässt sich doch mit Sicherheit sagen, dass hier das erste öffentliche Laienorchester der deutschen Kulturgeschichte entstand. Bemerkenswert ist, dass dieses Ensemble nicht zum Zwecke der Konzerttätigkeit gegründet wurde, sondern um die Erfahrbarkeit der Musik zu vertiefen. Im Zentrum der Arbeit Zelters stand die Absicht,

---

[7] Ebd., S. 27.
[8] Ebd., S. 28.
[9] Ebd.
[10] Vgl. https://time.graphics/period/2849632, abgerufen am 22.01.25, 11.25 Uhr.

Chorsänger und Instrumentalisten in der Probenarbeit und durch diese zur Aneignung von Musik zu befähigen und ihnen auf diese Weise die Werke der alten wie der zeitgenössischen Komponisten zugänglich zu machen, die ihnen anderenfalls verschlossen, ja geradezu unbekannt geblieben wären.

Um dieses Ansinnen, welchem sich die Singakademie zu Berlin verpflichtet fühlte, welches, um genau zu sein, ihre Gründung begründete, zu verdeutlichen, zitiert Georg Schünemann den Musikpädagogen Hans Georg Nägeli, der 1809 ein Zeitalter der Musik anbrechen zu sehen glaubte, wenn „die höhere Kunst zum Gemeingut des Volkes, der Nation, ja der ganzen europäischen Zeitgenossenschaft geworden [sei], wo die Menschheit selbst in das Element der Musik aufgenommen wird."[11] Die Beförderung des Chorgesangs ermöglicht ihm die Verwirklichung eines Ideals, welches er wie folgt beschreibt:

> „Wo jeder Einzelne seine Persönlichkeit so wohl durch Empfindungs- als Wortausdruck freytätig ausübt, wo er sich seiner menschlichen Selbständigkeit und Mitständigkeit auf das intuitivste und vielfachste bewußt wird, ... wo er Liebe ausströmt und einhaucht, augenblicklich, mit jedem Athemzug – habt ihr etwas anderes als den Chorgesang? – Man führe durch ein Hundert schulgerechter Sänger mit mittelmäßigen Organen, wie sie die Natur giebt, einen gutgesetzten Chor aus, und man hat die Volksmajestät versinnlicht."[12]

---

[11] Schünemann: *Die Singakademie zu Berlin.* (wie Anm. 1), S. 9.
[12] Ebd.

Diese emphatische Beschreibung, die gewiss auch der zeitgenössischen Bewegung der Romantik geschuldet ist, findet sich als profunde Theorie in den Vorlesungen über die Ästhetik, die der Theologe und Philosoph Friedrich Schleiermacher 1832/33 in Berlin hielt. Schleiermachers eigene musikalische Erfahrung war eng mit der Singakademie zu Berlin verwoben; in einem Brief an seine Schwester Charlotte berichtet er bereits im Dezember 1800:

> „Die Musik, die ich am liebsten und oftesten höre, ist die der Singakademie, wo lauter Kirchenmusik im großen Styl aufgeführt wird und ich mich oft der Festmusiken und Wechselchöre auf den Gemeindesälen erinnere. Ich weiß nicht, ob ich Dir von diesem Institut jemals geschrieben habe oder ob Du es sonst kennst."

Nach seiner Rückkehr aus Halle nach Berlin Ende des Jahres 1807 trat er selbst in die Singakademie ein, und Walter Sattler, der sich in einem Aufsatz über „Die Bedeutung der Singakademie zu Berlin für die liturgisch-musikalische Entwicklung Schleiermachers" intensiv mit dem Verhältnis des Theologen zu dieser Institution beschäftigt, konstatiert:

> „Fünfundzwanzig Jahre lang eine Zierde der Singakademie, hatte Schleiermacher eifrig am Gesang im Tenor teilgenommen und sich um die Gesellschaft auch sonst mit Rat und Tat in hohem Maße verdient gemacht."[13]

Doch nicht nur um die Singakademie, auch um eine philosophische Betrachtung der Kunst im Allgemeinen und der Musik im Besonderen hat

---

[13] Walter Sattler: *Die Bedeutung der Singakademie zu Berlin für die liturgisch-musikalische Entwicklung Schleiermachers.* In: ZfMw1 (1918), S. 165.

sich Friedrich Schleiermacher verdient gemacht. Während zuvor maßgeblich das Verhältnis des Betrachters zum Kunstobjekt in den Blick genommen wurde und das Urteil über dieses Objekt sowie dessen Bedingungen die Philosophen beschäftige, wendet sich Schleiermacher der Entstehung des Objektes zu und richtet sein Interesse auf den Künstler, der es produziert. Er vollzieht einen Wandel von einer Rezeptions- zu einer Produktionsästhetik, in deren Mittelpunkt der tätige Mensch steht. Bereits in dieser Grundkonzeption begegnet sich seine Theorie mit den Absichten der Singakademie, in der Musik nicht aufgeführt wurde, um ein Publikum zu beglücken, sondern um sie den Ausführenden nahezubringen.

Schleiermacher siedelt die Kunst in der Ethik an, die er als „[das] System aller menschlichen Thätigkeiten"[14] fasst – schon daraus ergibt sich, dass er Kunst zuvörderst als Tätigkeit, nicht als Gegenstand betrachtet. Alle diese der Ethik einbeschriebenen menschlichen Tätigkeiten unterteilt er in zwei Kategorien, in „solche, von denen wir voraussezen, daß sie von Allen, die wir unter Menschen subsumiren, auf dieselbe Weise verrichtet werden und vorkommen"[15] – diese bezeichnet er als identische Tätigkeiten – und in „solche, bey denen wir gleich die Verschiedenheit voraussezen",[16] diese nennt er individuelle Tätigkeiten. Beide Kategorien unterteilt er wiederum zwiefach, in Tätigkeiten nämlich, „die ihr Wesen immer nur *innerhalb des Einzelnen* selbst haben"[17] und in Tätigkeiten, „deren Wesen es ist, daß das einzelne *Leben aus sich herausgeht* und

---

[14] Friedrich Schleiermacher: *Ästhetik (1832/1833)*. Hrsg. von Holden Kelm. Hamburg 2018, S. 4.
[15] Ebd., S. 35.
[16] Ebd.
[17] Ebd., S. 37.

etwas in einem Andern hervorbringt".[18] Aus diesen Unterscheidungen ergeben sich vier Kombinationsmöglichkeiten, die Schleiermacher als „Orte" bezeichnet:

- Immanente identische Tätigkeiten
- Identische Tätigkeiten, die nach Außen gerichtet sind
- Immanente individuelle Tätigkeiten
- Individuelle Tätigkeiten, die nach Außen gerichtet sind

Die Kunsttätigkeit ordnet Schleiermacher den immanenten individuellen Tätigkeiten zu, charakterisiert sie demzufolge als eine, „die ihr Wesen immer nur *innerhalb des Einzelnen* selbst"[19] hat und bei der wir „die Verschiedenheit voraussezen".[20]

> „Die Kunstthätigkeit gehört [...] unter diejenigen menschlichen Thätigkeiten, die den Charakter des *Individuellen* haben und zugleich zu denjenigen Thätigkeiten die dem Wesen nach *in sich selbst* und nicht in einem Andern *vollbracht* werden. Die Kunst ist also eine *immanente Thätigkeit* bey der man die Differenz voraussezt."[21]

Um zu verstehen, was er damit meint, sei der künstlerischen Tätigkeit diejenige gegenübergestellt, die der Autor dieses Textes verrichtet. Dessen Intention besteht darin, dem Leser seine Gedanken und Kenntnisse zu vermitteln, und zwar in einer auf Identität abzielenden Weise, das heißt, der Verfasser beabsichtigt, dass seine Rezipienten exakt das verstehen, was er auszudrücken versuchte, und jene begegnen dem Text mit

---

[18] Ebd.
[19] Ebd.
[20] Ebd., S. 35.
[21] Ebd., S. 41.

derselben Erwartung. Der Gedanke, den der Leser erfasst, soll derselbe sein, den der Autor dachte, und so bezeichnet Schleiermacher dieses Verhältnis auch als eines der Diesselbigkeit. Wenn im Jubiläumskonzert des Universitätsorchesters nun die zweite Symphonie von Johannes Brahms zur Aufführung gelangt, so besteht die Absicht des Komponisten jedoch nicht darin, dem geneigten Publikum einen Gedanken in dieser Weise zu vermitteln, und ein Zuhörer, der beabsichtigt, unzweifelhaft herauszufinden, was Brahms sich beim Setzen der einzelnen Noten dachte, wird nicht nur notwendigerweise scheitern, sondern zeigt sich von einer verfehlten Kunstauffassung geleitet. Das, was der Zuhörer aufnimmt, und das, was der Komponist intendiert, ist in diesem Fall eben nicht identisch, und deswegen spricht Schleiermacher hier von einer individuellen, auf Differenz gerichteten Tätigkeit. Seiner Theorie folgend ist die Kunsttätigkeit „Ausdruck [...] vom Daseyn der Einzelnen als solche",[22] und dieser Vorstellung folgend erklärt sich auch der Begriff des Individuellen. Um nun außerdem nachzuvollziehen, weshalb er behauptet, diese Tätigkeit habe „ihr Wesen immer nur *innerhalb des Einzelnen* selbst",[23] ist es nötig, darzustellen, wie künstlerische Tätigkeit von Schleiermacher beschrieben wird.

Schon Novalis bezeichnet in seinen Fragmenten die Poesie – dieser Begriff ist hier synonym für die Künste aufzufassen – als „innre *Malerei* und Musik"[24] und erläutert:

---

[22] Ebd., S. 44.
[23] Ebd., S. 37.
[24] Novalis: *Fragmente und Studien 1799-1800*. In: Ders.: *Werke*. Hrsg. von Gerhard Schulz. München o.J., S. 544.

> „Man sucht mit der Poesie, die gleichsam nur das mechanische In-
> strument dazu ist, innre *Stimmungen*, und Gemälde oder *Anschau-*
> *ungen* hervorzubringen [...]
>
> Poesie = *Gemüterregungskunst.*"[25]

Diese von Novalis aufgestellte Gleichung lässt zwei mögliche Deutungen
zu, so kann die Poesie sowohl als Kunst, das Gemüt zu erregen, als auch
als aus der Erregung des Gemüts hervorgebrachte Kunst verstanden werden. Da er im vorausgehenden Satz von der Intention der Poesie spricht,
davon, dass ‚man‘ durch sie innere Stimmungen hervorbringe, und weil
Schleiermacher sich auf die künstlerische Tätigkeit konzentriert, sei an
dieser Stelle der zweiten Deutungsmöglichkeit der Vorzug gegeben:
Kunst wird durch die Erregung des Gemüts initiiert. Wenn das Gemüt er-
regt wird, entsteht, so Schleiermacher, im Künstler das Bedürfnis, diese
Bewegung des Gemüts zum Ausdruck zu bringen.

> „Im musikalischen Künstler soll Alles Ton werden, was ihn bedeu-
> tend bewegt, es tönt immer in ihm."[26]

Die künstlerische Tätigkeit nimmt demzufolge daran ihren Anfang, und
dieser Impuls soll Ton werden. Um von dieser Bewegung zum musikalischen Werk zu gelangen, ist ein Prozess notwendig, in welchem der Impuls zum Ton geformt wird. Erfolgt ein Ton als unmittelbarer Ausdruck
des Impulses, beispielsweise als Schmerzenslaut in Reaktion auf eine Ver-
letzung, kann dieser schließlich nicht als künstlerischer Ausdruck bezeichnet werden.

---

[25] Ebd.
[26] Schleiermacher: *Ästhetik.* (wie Anm. 14), S. 273.

„Es ist nur *Kunst* insofern zwischen die innre Bewegung und äußre Erscheinung reiner Laute etwas andres dazwischen tritt."[27]

Dieses „etwas" benennt Schleiermacher als Maß und Ordnung oder auch Besinnung und Begeisterung.

„Wo Kunst seyn soll, da muß [...] Maaß hineinkommen",[28] „in der *Begeisterung* und *Besonnenheit* ist also der Begriff der Kunst. Wo diese beyden sind, da ist sie."[29]

Damit aus dem Anlass der Bewegung des Gemüts Kunst werde, muss also aufgrund eines Ausdrucksbedürfnisses der unmittelbare Impuls durch Begeisterung und Besinnung, als eine Reflexion, die Maß und Ordnung einbringt, zu einem künstlerischen Werk geformt werden. Welch hohen Stellenwert dieses Ausdrucksbedürfnis einnimmt, zeigt sich, wenn Schleiermacher künstlerische Tätigkeit von nicht als künstlerisch zu bezeichnender unterscheidet.

Ist hier „das *Wollen* des gemeßnen Tons, tritt aber nicht rein heraus, so sage ich: Der singt, aber nicht ordentlich; ist kein solcher *Wille* dabei, sondern bringen nur die Sprachwerkzeuge selbst es hervor, so sage ich: Dem fehlt nicht als der Wille, um zu singen, aber der Wille [...] muß dazwischen treten."[30]

Einem Sänger, der Töne mechanisch produziert, ohne Intention, durch sie seine innere Bewegung auszudrücken, fehlt das zentrale Element der

---

[27] Ebd., S. 239.
[28] Ebd., S. 57.
[29] Ebd.
[30] Ebd., S. 239/240.

künstlerischen Tätigkeit, wohingegen derjenige, dessen begrenzte Fertigkeiten lediglich eine unvollkommene Ausführung erlauben, künstlerisch agiert, sofern der Ausdruckswille in ihm vorhanden ist. Er singt bloß nicht ‚ordentlich'. Dieser Auffassung folgend erhält die unvollkommene Ausführung den Vorzug gegenüber der technisch makellosen, wenn in jener der Wille, das eigene Sein auszudrücken die Triebfeder ausmacht, in dieser jedoch ein solcher fehlt und einzig Perfektion angestrebt wird. Wem hierbei sogleich das Klischee des asiatischen Musikstudenten in den Sinn kommt, der durch unbarmherzige Disziplinierung zum höchsten Virtuosentum gelangt, dem sei umgehend entgegengehalten, dass die Beantwortung der Frage, ob der Ausdruckswille vorhanden sei, nicht dem Zuhörer obliegt, sondern einzig durch den Künstler selbst erfolgen kann. Die Behauptung Schleiermachers, die Kunsttätigkeit habe „ihr Wesen immer nur *innerhalb des Einzelnen* selbst",[31] wird nun dadurch, dass der Ausdruckswille das zentrale Element der künstlerischen Tätigkeit ausmacht, leicht nachvollziehbar. Schon dieser ist ein Inwendiges, und auch Besinnung und Begeisterung sind geistige Tätigkeiten des Einzelnen. Maß und Ordnung zielen zwar darauf, die Produktion nach Außen zu setzen und verwirklichen zu können, das formgebende Einbringen erfolgt jedoch zunächst rein in Gedanken; nur dieser inwendige Vollzug ist Schleiermacher zufolge künstlerische Tätigkeit.

---

[31] Ebd., S. 37.

„Die eigentliche Kunstthätigkeit ist etwas was sich rein innerlich vollbringt, und das Äußre ist ein Zweytes, das als solches auf eine mechanische Weise wird und daher nicht mehr unter den Begriff der Kunst gehört."[32]

Künstlerische Produktion

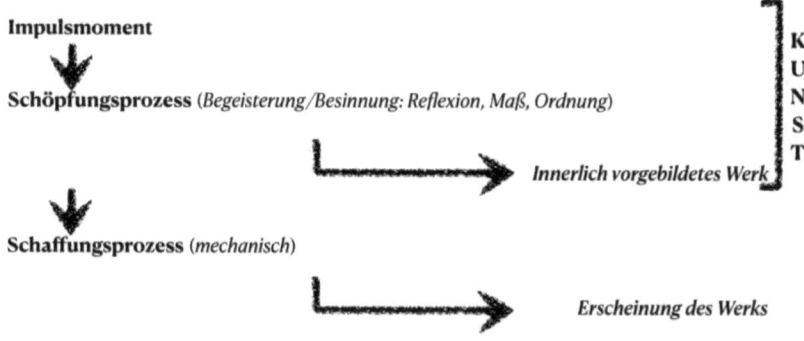

Das Ergebnis des künstlerischen Prozesses ist somit nicht mehr länger Gegenstand der Betrachtung, die Frage nach „guter" und „schlechter" Kunst bzw. das Urteil, ob etwas überhaupt Kunst sei, wird nun durch andere Kriterien beleuchtet. Das hervorgebrachte Kunstwerk verliert seine Bedeutung, dessen Rezeption ist im Diskurs nun gänzlich ohne Belang. Entscheidend bleiben das Ausdrucksbedürfnis und der immanente Prozess der Formgebung. Der Mensch soll künstlerisch tätig werden, und in der Beurteilung dieser Tätigkeit werden nicht länger seine künstlerische

---

[32] Ebd., S. 40.

Fertigkeit und Virtuosität zum Gradmesser genommen. Schleiermacher sagt selbst:

> „Wo Begeisterung ist, kann freilich [die] Beschaffenheit der Organe das Heraustreten hindern, aber seinem Wesen nach ist das Kunstelement da."[33]

Gedanklich folgt daraus, was sich in der Epoche der Romantik dann auch praktisch manifestiert: Nicht das handwerkliche Geschick, wie es etwa noch bei Johann Sebastian Bach der Fall war, sondern der Genius-Gedanke bestimmt die Bewunderung. Das „Wunderkind Mozart" wird zum Paradebeispiel für das schlechthinnige Künstlertum. Wenn Friedrich Schlegel in seinem Roman „Lucinde" ausführt:

> „Wie geschieht alles Denken und Dichten als daß man sich der Einwirkung irgend eines Genius ganz überläßt und hingiebt? Und doch ist das Sprechen und Bilden nur Nebensache in allen Künsten und Wissenschaften, das Wesentliche ist das Denken und Dichten, und das ist nur durch Passivität möglich",[34]

so bestärkt diese Aussage nicht nur die durch Schleiermacher dargestellte Trennung von Außen und Innen, in welcher die immanente Tätigkeit, bei Schlegel ‚Denken und Dichten', zur künstlerischen erhoben und die nach Außen gerichtete Tätigkeit des ‚Sprechens und Bildens' zur Nebensache deklassiert wird; sie macht zudem deutlich, dass die Genialität nicht aus Arbeit, sondern aus Müßiggang erwächst, daraus, sich dem Genius in Passivität zu überlassen und hinzugeben. Der Dilettantismus

---

[33] Ebd., S. 240.
[34] Friedrich Schlegel: *Lucinde*. Ditzingen 2020, S. 41.

erfährt in Anknüpfung an eine solche Kunstauffassung eine neue Berechtigung und Anerkennung; zugleich wird dadurch erst möglich, was Novalis fordert: „Jeder Mensch sollte Künstler sein."[35] Das Vermögen dazu liegt in seinem Menschsein, und was Novalis an anderer Stelle noch behutsam andeutet: „Fast jeder Mensch ist in geringem Grad schon Künstler",[36] stellt Schleiermacher nur wenig später im „Brouillon zur Ethik" von 1805/1806 apodiktisch fest: „Alle Menschen sind Künstler."[37] Dieser Forderung von Novalis zu entsprechen kann nur dann gelingen, wenn Menschen dazu angeregt werden, ihr ihnen von beiden Denkern zugesprochenes Potenzial auch auszuleben, sie müssen selbst künstlerische Aktivität entfalten – zum Beispiel in der Singakademie zu Berlin oder im Universitätsorchester Bielefeld.

> „Im Mittelpunkt der Laienmusik steht der Ausführende, nicht der Zuhörer. Mit Laien zu musizieren heißt, Menschen, die sich von außen nähern, ins Innere der Musik einzuführen."

Mit diesen Worten hat Michael Hoyer, seit 1980 Leiter des Universitätsorchesters Bielefeld, einmal seine Arbeit charakterisiert. Seine Auffassung deckt sich mit der eingangs erwähnten Intention Faschs, aus der die Singakademie erwuchs, wie mit der Absicht Zelters, auf der die Gründung der Ripienschule basierte, obwohl Hoyer zum Zeitpunkt dieser Aussage die Geschichte der Singakademie zu Berlin noch unbekannt war. Natürlich ist es für jedes Ensemble ein Erlebnis, das Ergebnis der Probenarbeit

---

[35] Novalis: *Glauben und Liebe 1798*. In: Novalis: *Werke.* (wie Anm. 24), S. 367.
[36] Novalis: *Fragmente und Studien 1797-1798*. In: Novalis: *Werke.* (wie Anm. 24), S. 394.
[37] Friedrich Schleiermacher: *Brouillon zur Ethik (1805/06)*. Hrsg. von Hans-Joachim Birkner. Hamburg 1981, S. 108.

in einem Konzert Zuhörern darzubieten, doch besteht der Sinn eines solchen Konzertes nicht in der Beglückung des Publikums. Vielmehr könnte in Schleiermachers Sinn davon gesprochen werden, dass die Aufführung ein Äußeres, ein nachrangiger Aspekt sei, nach dem zu streben zwar Maß und Ordnung in die Probenarbeit bringt, deren Ergebnis jedoch für die künstlerische Tätigkeit keine Bedeutung entfaltet. Durch praktische Aneignung am eigenen Instrument lernen die Orchestermitglieder die inwendigen Strukturen derjenigen Kompositionen kennen, die der Orchesterleiter ins Programm nimmt. Es liegt auf der Hand, dass zur Verwirklichung dieses Ansinnens insbesondere die bedeutenden Werke der Musikgeschichte erarbeitet werden müssen, denn sie bieten den höchsten Erkenntnisgewinn und üben zugleich eine Faszination auf die Mitwirkenden aus, welche einen Ansporn bietet, die eigenen Fähigkeiten weiterzuentwickeln. Und so erklärt es sich, dass im Repertoire des Universitätsorchesters die großen Sinfonien Mozarts, nahezu sämtliche Sinfonien Beethovens, alle Sinfonien von Schumann und Brahms sowie einige Orchesterwerke von Mahler zu finden sind, obwohl ein Amateurorchester dem absoluten Anspruch in der Ausführung dieser Werke notwendig nicht gerecht werden kann. Freilich resultieren daraus auch Konflikte, so finden sich in der Geschichte des Universitätsorchesters immer wieder Beispiele, wo Orchestermitglieder oder Konzertbesucher, insbesondere Rezensenten der Regionalzeitungen, Unmut äußerten. Als Beispiel sei hier ein Schlagabtausch aus dem Februar 1980 genannt. Auf dem Programm des im Audimax dargebotenen Semesterschlusskonzertes fanden sich das Tripelkonzert op. 56 von Ludwig van Beethoven sowie die 4. Sinfonie in d-Moll op. 120 von Robert Schumann. In der Neuen Westfälischen vom 11. Februar 1980 findet sich hierzu unter dem Titel „Wenn man den Bogen zu heftig spannt" eine Kritik, die ihrer Eigendarstellung nach „aus verantwortungsbewußer [sic!] Notwendigkeit"[38] dem Orchester wie dem Dirigenten bescheinigt, „eindeutig überfordert"[39] gewesen zu sein. Schon in den einleitenden Worten konstatiert der Rezensent, das Orchester werde „noch kräftig an sich arbeiten müssen, will es dem Anspruch, den es mit der Programmwahl stellte, vor der Öffentlichkeit auch genügen können."[40] Als „bestaunenswert" bezeichnet er den Mut der Ausführenden, „dieses Werk, das schon ein Profi-Orchester samt Dirigenten vor nicht geringe Probleme stellt, von wenig erfahrenen Amateuren öffentlich spielen zu lassen."[41] Dass dieses Staunen nicht in positivem Sinne zu verstehen ist, wurde spätestens am Ende der Rezension deutlich, wenn der Rezensent mit einer Ermahnung schließt: „Nichts gegen frischen Ehrgeiz und erst recht nichts gegen Mut zum Wagnis – aber man muß sich dabei stets Rechenschaft geben, wie weit der Mut gehen darf: Der Bogen bricht bekanntlich, wenn der Bogenschütze die Sehne überspannt..."[42] Das Orchester reagierte mit einem Leserbrief, der in der Neuen Westfälischen vom 15. Februar 1980 abgedruckt wurde, auf die geäußerte Kritik und äußerte seine Verwunderung darüber, dass „der Verfasser (k.f.b.) völlig außer Acht gelassen"[43] habe, daß es sich hierbei um die Leistung von engagierten Amateuren handelt."[44] Zudem sei sich das Orchester „der

---

[38] K.f.b.: *Wenn man den Bogen zu kräftig spannt.* Neue Westfälische Nr. 35, Bielefelder Tageblatt vom 11. Februar 1980.
[39] Ebd.
[40] Ebd.
[41] Ebd.
[42] Ebd.
[43] *Große Verwunderung.* Neue Westfälische Nr. 39, Bielefelder Tageblatt vom 15. Februar 1980.
[44] Ebd.

Probleme und Risiken solch großer Literatur sehr wohl bewuß [sic!], die Reaktion des Publikums und sachverständiger Kritiker"[45] rechtfertige jedoch seine Wahl. Und in der Tat musste selbst der Rezensent einräumen: „Den Zuhörenden hat das Konzert gefallen: Sie sparten nicht am Applaus."[46]

Steht anstelle des Zuhörers der Ausführende im Mittelpunkt, ist es geradezu zwingend notwendig, sich von derartigen Konflikten nicht beirren zu lassen, sondern sich trotzdem mit dieser ‚großen' Literatur auseinanderzusetzen. Die Anforderungen, welche die Partitur an den einzelnen Ausführenden stellt, können als Impuls im Sinne der Ästhetik Schleiermachers verstanden werden. Sie geben die Anregung zur Beschäftigung mit dem Werk, zur Reflexion, zur praktischen Übung, zur Ergießung des „Daseyn der Einzelnen als solche"[47] in das Zusammenspiel einer heterogenen Gruppe von Individuen, welche der Orchesterleiter durch das Maß, welches sein Taktstock gebietet, zu einem homogenen Klangkörper formt.

[45] Ebd.
[46] Ebd.
[47] Schleiermacher: *Ästhetik.* (wie Anm. 14), S. 44.

Plakat für das Konzert des Hochschulorchesters am 21.07.2003 aus dem Archiv der Universität Bielefeld.

Das Universitätsorchester Bielefeld zwischen klassischer Musikvermittlung und Third Mission-Auftrag in der Region Ostwestfalen

Birgit Apfelbaum

(leise, mit leicht steigender Intonation) „Von vorn…?"
(Erste Worte von Michael Hoyer am 17.01.2025 zu Beginn
der Probe des Saint-Saëns-Klavierkonzerts im Rahmen des
Probenwochenendes für das Jubiläumskonzert)

(Nur) Kenner:innen typischer Abläufe in Probenphasen von Sinfonie- oder Kammerorchestern dürften sich beim Lesen oder Hören der oben wörtlich zitierten – kurzen und syntaktisch nach Schriftnorm unvollständigen – Äußerung beim Betreten des Probenraums den entsprechenden, nicht weiter versprachlichten situativen Kontext vorstellen können. Und (nur) bei „Insidern" dürfte gleichzeitig im Kopf ein Bild auch der räumlichen Positionierung aller Mitwirkenden an ihren Notenpulten inklusive des im gegebenen Fall sogar extra angelieferten Leih-Flügels für den Solisten entstehen. Möglicherweise geben diese Worte in ihrer Schlichtheit aber auch schon einen vorausweisenden Hinweis auf die Arbeitsweise des erfahrenen Dirigenten Michael Hoyer, den die Mitglieder des Universitätsorchesters Bielefeld (UOB) oft seit Jahren kennen und der in der Regel auf ritualisierte Begrüßungen zu Probenbeginn verzichtet, dafür eher unmittelbar seine Arbeit am Dirigentenpult mit den überwiegend Laienmusiker:innen im Orchester aufnimmt und dann die zu probenden Stücke auf der Grundlage einer Taschenpartitur Passage für Passage mit großer Geduld und ohne vorwurfsvolle Untertöne einstudiert.

Der Frage, wie sich die Arbeit des UOB unter seinem langjährigen Dirigenten Michael Hoyer allgemeiner charakterisieren lässt und welche Rolle das Amateurensemble inzwischen im Gesamtgefüge der Universität Bielefeld einnimmt, soll im Folgenden genauer nachgegangen werden. Inwiefern betreibt das UOB klassische Musikvermittlung wie auch andere akademische Orchester, die ihre einstudierten Werke zu Semesterende einem möglichst breit gefächerten Publikum darbieten, und auf welche Weise hat das UOB unter seinem künstlerischen Leiter und bis heute publizierenden promovierten Musikwissenschaftler ein spezifisches Profil entwickelt, das seinen besonderen (kulturellen) Bildungsauftrag in Ostwestfalen darin sieht, Menschen aus der Region Gelegenheit zu geben, möglichst „barrierefrei" an klassische Musik herangeführt zu werden?

Als Verfasserin dieses Textes möchte ich über einen explorativ-sozialwissenschaftlichen Zugang aufzeigen, dass das UOB offenbar für die Universität auch einen wichtigen sog. *Third Mission*-Auftrag erfüllt, indem es bei seinen Mitgliedern und Kooperationspartnern kulturelle Teilhabe und Lust auf musikalische Weiterentwicklung fördert, also das Aufgabenspektrum der Universität jenseits der beiden ersten, traditionellen Säulen universitärer Angebote in Forschung und Lehre um einen dritten Bereich erweitert. Entsprechende *Third-Mission*-Aktivitäten werden in der aktuellen Hochschuldiskussion als immer bedeutsamer betrachtet, da Hochschulen damit gesellschaftliche Verantwortung übernehmen. In meinen Ausführungen stütze ich mich sowohl auf eigene Erfahrungen und Beobachtungen als Mitglied des Orchesters wie auf Hinweise, die sich etwa aus ausgewählter Literatur zum Laienmusizieren nicht nur in akademischen Settings sowie aus Gesprächsdaten ergeben, die ich über einen leitfadengestützten Zoom-Austausch mit Michael Hoyer und Lara Venghaus im Dezember 2024 erheben konnte.

Meine ersten Erfahrungen als studentisches Mitglied im UOB – damals noch „Hochschulorchester" – liegen im Jubiläumsjahr 2025 mehr als 43 Jahre zurück und meine letzte aktive Mitwirkung als Amateurmusikerin im Polifonia-Ensemble, dem kammermusikalischen „Ableger" des Sinfonieorchesters, mit Michael Hoyer als Dirigenten, ist auf das Jahr 1993 datiert. Wenn ich nun nach so langer Zeit zum 50. Orchesterjubiläum erneut bei unserem Konzert am 2. März 2025 in der Oetker-Halle dabei sein und darüber hinaus auch noch diesen Text zur Festschrift beitragen darf, erklärt sich das wohl nur aus einer ganz besonderen Prägung, die mir in den Anfangsjahren der Orchestergeschichte im Austausch mit Michael Hoyer zuteilgeworden ist und die dann auch mit Weichenstellungen für meinen weiteren, nicht nur musikalischen Lebensweg einherging. Dass ich so viele Jahre später von Michael Hoyer eingeladen wurde, auch ohne wöchentliche Mittwochsproben, lediglich über die Teilnahme an zwei Probenwochenenden in das laufende Projekt einzusteigen, wäre natürlich ohne meine persönliche Weiterentwicklung als Amateurgeigerin nach meiner aktiven Zeit im UOB – dann an verschiedenen Standorten im In- und Ausland – nicht denkbar gewesen. Dass ich darüber hinaus der Bitte der Herausgeber:innen dieser Festschrift nachkomme, auch noch etwas zur Rolle des Orchesters im Gesamtgefüge der Universität Bielefeld aufzuschreiben, hängt aber vor allem damit zusammen, dass der Kontakt zu Michael Hoyer auch ohne Anwesenheit vor Ort in Bielefeld nie ganz abgerissen ist und er sich immer wieder auch für Erfahrungen interessiert hat, die ich im Zuge meiner eigenen wissenschaftlichen Weiterentwicklung nach dem Studium und dann seit 2005 als Professorin für Kommunikations- und Sozialwissenschaften an einer Hochschule für Angewandte Wissenschaften in Sachsen-Anhalt sammeln konnte.

Wenn ich weiterhin die Rolle des UOB in diesem Beitrag nicht nur als eine auch an anderen Hochschulen traditionell etablierte Form klassischer Musikvermittlung für und mit Laien einordnen werde, geht dies darauf zurück, dass sich Michael Hoyer als künstlerischer Leiter im Jahr 2017 – dann schon in enger Abstimmung mit Lara Venghaus (inzwischen verantwortlich für Projektleitung) – für sog. *Third Mission*-Projekte interessierte, die ich in den letzten 15 Jahren an der Hochschule Harz mit staatlichen, zivilgesellschaftlichen, wirtschaftlichen und politischen Akteuren aus der Region durchgeführt habe. Aus Anlass einer im Frühjahr 2017 im Zentrum für Interdisziplinäre Forschung (ZiF) geplanten Veranstaltungsreihe zum Thema „Universitätsorchester interdisziplinär – La Traviata – aus dem Blickwinkel der Wissenschaft" hatte mich Lara nach Rücksprache mit Michael über eine Facebook-Nachricht kontaktiert, um anzufragen, ob ich vielleicht bereit sei, an einer Podiumsdiskussion im ZiF teilzunehmen und dort etwas aus meiner Sicht Passendes vor dem Hintergrund meines eigenen wissenschaftlichen Profils beizusteuern, das beide zu dem Zeitpunkt allerdings (unzutreffender Weise) eher mit traditioneller Romanistik und französischer Literaturbetrachtung assoziierten als mit sozialwissenschaftlichen Forschungs- und Entwicklungsvorhaben zum Umgang mit aktuellen gesellschaftlichen Herausforderungen im Verbund mit externen Hochschulpartnern. Gern könne ich in der Diskussion natürlich einfach einen eigenen, mir plausiblen thematischen Fokus setzen, und meine Mitwirkung bedürfe auch keiner größeren Vorbereitung. So sagte ich – „getriggert" durch alte Verbundenheit mit dem UOB und Neugier auf die aktuelle Atmosphäre im ZiF – kurzfristig für den 30. März meine Teilnahme an der Veranstaltung zu und bereitete in nur wenigen verbleibenden Tagen einen kurzen Input zum Thema „Opernproduktion im Audimax als partizipatives Format für den *Third-Mission-Auftrag von Hochschulen*" vor. Damit war der Grundstein auch für meinen Festschriftbeitrag jetzt zum 50-jährigen Jubiläum des Orchesters gelegt, denn es schien einige Anknüpfungspunkte zu dem für Michael Hoyer als Dirigenten von Beginn an wichtigen Bildungsauftrag des UOB zu geben, wo ja schon immer auch Mitwirkende aller Generationen von außerhalb der Hochschule in die laufenden Projekte eingebunden worden waren. Nach meiner Erinnerung hatte sich Michael Hoyer bereits sehr früh einfach dafür entschieden, einen möglichst breiten Kreis von Menschen, die sonst oft keinen direkten Zugang zu klassischer Musik haben oder im professionellen Musikbetrieb auf Grund von individuellen Handicaps nicht so leicht bestehen können, an diese Facette kultureller Praxis heranzuführen. Insofern schien seine Beschäftigung mit Grundideen unserer Kooperationsvorhaben im Harz, in denen wir sozial innovative Austausch- und Bildungsformate entwickelten und über Evaluation nachhaltig etablieren wollten, um auf wissenschaftlicher Grundlage netzwerkbasiert den Auf- und Ausbau zukunftsrelevanter Kompetenzen auf individueller und gesellschaftlicher Ebene voranzubringen,[1] auch für die Weiterentwicklung des UOB interessant. So kamen Lara Venghaus und Michael Hoyer zu der Einschätzung, diese Erfahrungen aus Hochschulprojekten – weit weg zunächst einmal von der musikalischen Proben- und Aufführungspraxis des UOB – könnten durchaus hilfreich sein, um ihren reflexiv-analytischen Blick sowohl von innen als auch von außen auf das UOB zu schärfen. Im aktuellen Kontext einer zunehmenden Ökonomisierung des Hochschulbetriebs gehe es ihnen darum, noch einmal neue Ansatzpunkte und gute Argumente dafür herauszuarbeiten, wie die Rolle des Orchesters auch institutionell gestärkt und noch nachhaltiger im Gesamtprofil der Universität verankert werden könne. Ziel müsse schließlich sein, dieses – inzwischen über vier Jahrzehnte kontinuierlich von Michael Hoyer geprägte und in vielerlei Hinsicht sehr besondere – Amateur-Sinfonieorchester auch zukünftig und unabhängig von der Person Michael Hoyer als Ort klassischer Musikvermittlung in seiner Existenz abzusichern.[2]

---

[1] Vgl. dazu u.a. Apfelbaum (2023). Unsere Arbeiten beziehen sich in erster Linie auf die Handlungsfelder Integration von Zugewanderten und Geflüchteten sowie auf den Umgang mit demografischer Alterung der Gesellschaft und insbesondere die reflektierte Heranführung Älterer an die Nutzung digitaler (Assistenz-) Technologien. In dem vom BMBF über die Förderlinie „Innovative Hochschule" von 2018-2022 geförderten Verbundvorhaben „TransInno_LSA" hatten wir Gelegenheit, uns mit unterschiedlichen Definitionen des Begriffs Third Mission auseinanderzusetzen (vgl. dazu genauer auch Westermann et al. 2022, und https://www.transinno-lsa.de/).

[2] Als Alumna der Universität Bielefeld war und ist für mich in diesem Zusammenhang natürlich auch die für die Reformuniversität Bielefeld seit ihrer Gründung programmatische und entsprechend institutionalisierte Offenheit für Interdisziplinarität und Experimentierfreude in Forschung und Lehre eine wichtige Bezugsgröße. Diese spiegelt sich auch in einer langfristig abgesicherten

Nach der Podiumsdiskussion wurde dann für mich auch der Besuch der La Traviata-Aufführung am 22. April 2017 im Audimax ein Genuss für Augen und Ohren und mein Augenmerk fiel recht schnell auf die neue personelle Konstellation des UOB, in dem u.a. auch der syrische Geigenlehrer Medo Tenawi, nach seiner Flucht aus Syrien im Jahr 2015 in Bielefeld gelandet, von Michael Hoyer selbstverständlich und praktisch noch ohne Deutschkenntnisse zur Verstärkung der ersten Geigen eingesetzt wurde. Hier sah ich sofort Parallelen zu unseren damals bereits begonnenen Vorhaben an der Hochschule Harz, denn auch uns ging es in den Jahren nach 2015 um einen Beitrag zu möglichst selbstverständlicher Flüchtlingsintegration dort, wo es für uns unmittelbar umsetzbar erschien.[3]

Im Zuge meiner in diesem Beitrag verfolgten explorativen Herangehensweise als Sozialwissenschaftlerin an den Untersuchungsgegenstand „Universitätsorchester Bielefeld" fasse ich nachfolgend zunächst meine eigenen, zwangsläufig subjektiven Erinnerungen an meine „Anfänge" als Geigerin im damaligen Hochschulorchester zusammen und resümiere meine Erinnerungen an ausgewählte Stationen, die mir aus dem weiteren Verlauf meines Kontakts zu Michael Hoyer und dem Orchester besonders im Gedächtnis geblieben sind. Dabei stütze ich mich u.a. auf Aufzeichnungen aus alten persönlichen Taschenkalendern aus den Jahren 1981 bis 1993, auf unsystematisch archivierte Programme unserer damaligen

---

Finanzierung des Personals der entsprechenden Einrichtungen (vgl. u.a. ZiF und Laborschule) aus dem Haushalt der Universität wider.

[3] Vielleicht erklärt diese Parallele auch, warum mich der mir von Anfang an so sympathische, schlichte, verlässliche und fast selbstlose Stil von Michael Hoyer offenbar für all meine nachfolgenden Engagements in Amateurensembles geprägt hat. Stets vergleiche ich neue Orchestererfahrungen automatisch recht schnell mit dem für mich bis heute so großartigen Vorbild.

Konzerte sowie auf Briefwechsel vor allem mit Michael Hoyer aus dieser Zeit. Erst daran anschließend komme ich auf die Frage zurück, ob bzw. inwiefern die Betrachtung der Arbeit des UOB im Gesamtgefüge der Universität Bielefeld auch als Wahrnehmung eines *Third Mission*-Auftrags betrachtet werden kann und welche Schritte denkbar und sinnvoll erscheinen, um das UOB zukünftig noch besser institutionell und finanziell abzusichern. Dort stütze ich mich dann insbesondere auf die bereits eingangs erwähnten Gesprächsdaten, die ich im Dezember 2024 leitfadenbasiert im Rahmen eines aufgezeichneten *Zoom Meetings* mit Michael Hoyer und Lara Venghaus erheben konnte, sowie ergänzend auf Informationen aus einigen Mail-Wechseln und WhatsApp-Dialogen, zu denen es mit beiden im Nachgang kam, und schließlich durchgängig auch auf Beobachtungen als Mitwirkende am aktuellen Jubiläumsprogramm.

Rückblick auf meine „Anfänge" im UOB und den weiteren Werdegang

Den Einstieg in die Probenarbeit mit Michael Hoyer habe ich wohl meiner damaligen WG-Mitbewohnerin Gudrun Wilde, im Jahr 1981 bereits selbst Fagottistin im Orchester, zu verdanken. Sie berichtete mir nach der Rückkehr aus meinem Auslandsjahr als Fremdsprachenassistentin in Südfrankreich im Sommer 1981 ganz begeistert in unserer WG-Küche in der Alsenstraße davon, dass während meiner Abwesenheit nun ein toller junger Dirigent aus Würzburg auch mit längerfristiger Perspektive die Leitung des Hochschulorchesters übernommen habe. Er habe sich zusammen mit seiner Frau Gisela in Bielefeld angesiedelt, die ihrerseits kürzlich eine Stelle als Geigenlehrerin an der hiesigen Musikschule angetreten habe und dem Orchester nun zunächst auch als Konzertmeisterin zur Verfügung stehe. Ich sollte daher unbedingt gleich zur ersten Probe im neuen Semester mitkommen, zumal bereits ein richtig gutes Programm in Planung sei, das mir bestimmt gefallen werde. So wurde ich im Oktober 1981 im Audimax sogleich – ohne Vorspiel oder irgendein anderes Aufnahme- oder Prüfungsritual – an einem Pult (vermutlich) in der zweiten Geige platziert und wir begannen mit der Arbeit an der Borodin-Sinfonie Nr. 3 a-Moll, dem Konzert für Klarinette und Orchester Nr. 3 B-Dur von Carl Stamitz und der Schubert Sinfonie Nr. 8 h-Moll. Zwar traf ich im Orchester nur noch eine einzige weitere Geigerin, Renate Türoff, wieder, die ich bereits aus meiner Schulzeit in Detmold über den Geigenunterricht bei unserem gemeinsamen Lehrer Heinz Herrmann kannte. Aber spätestens beim Probenwochenende in Altenmelle noch vor Weihnachten lernte ich auch alle anderen Mitglieder schon etwas besser kennen und wir brachten unser anspruchsvolles Programm nach einem ersten Konzert im Städtischen Gymnasium Gütersloh am 7. Februar 1982 tatsächlich am Abend des 11. Februar 1982 im Audimax zur Aufführung. Recht schnell trafen wir uns dann auf Anregung von Michael parallel auch regelmäßig zu Proben in kammermusikalischer Besetzung, meistens in Heepen in der Peter-und-Pauls-Kirche, und begründeten damit das Polifonia-Ensemble als „Ableger" des großen Orchesters in sinfonischer Besetzung. Da ich über meine WG-Mitbewohnerin Gudrun zeitgleich auch noch in das damalige Junge Kammerorchester Minden einstieg und folglich zusätzliche Probentermine und Konzerte in Minden und Reinbek anstanden, wirkte ich allerdings schon ab dem WS 1982/83 nur noch kammermusikalisch im Polifonia-Ensemble mit, blieb dort jedoch mit wenigen Unterbrechungen bis zu meinem erneuten Umzug nach Südfrankreich im Herbst 1987 aktiv – ausgewählt diesmal für eine bis zu fünfjährige Tätigkeit als DAAD-Lektorin für Deutsche Sprache und Kultur an der Germanistischen Abteilung der *Université de Provence*.

Gleichwohl gelang es mir auch während meiner Zeit in Aix-en-Provence, mit Michael und Gisela Hoyer in Kontakt zu bleiben. Auch wenn ich in Südfrankreich – beflügelt durch die inspirierenden Bielefelder Erfahrungen – sofort Ausschau hielt nach einem vergleichbaren Ensemble an der *Université de Provence*, konnte ich die beiden während meiner Sommerurlaube in Deutschland regelmäßig besuchen und das Polifonia-Ensemble schließlich sogar – nach einem Kurzbesuch ihrerseits bei mir im Frühjahr 1989 – in der ersten Oktoberhälfte 1989 zu einem einwöchigen Aufenthalt in die Provence holen. Parallel zum regulären Lehrbetrieb an der Universität in Aix stieg ich in jener Woche mit in das Bachkantaten-Programm ein, das die anderen Mitglieder bereits seit einiger Zeit in Bielefeld geprobt hatten. Zum Abschluss der Probenwoche konnten wir unser Programm dann sogar an drei recht unterschiedlichen Aufführungsorten zu Gehör bringen, nämlich in Aix-en-Provence in der protestantischen Kirche, in Marseille auf der Fabriketage des gemeinnützigen Vereins *Vis-À-Vis* in der Nähe des Alten Hafens, wo sich zeitgenössische Künstler:innen, überwiegend Zugewanderte aus Portugal, ihre Ateliers eingerichtet hatten und dort regelmäßig ein breiteres Publikum zu Sonderveranstaltungen einluden, sowie in Salon-de-Provence im kleinen *Théâtre Municipal*. Da ich anschließend bis zu meiner Rückkehr nach Bielefeld im Sommer 1992 im Aixer Hochschulorchester mitwirkte, das bei der dortigen *musicologie* angesiedelt war, und auf diesem Wege auch zahlreiche, mir bis dahin weitgehend unbekannte französische Komponisten von Marc-Antoine

Charpentier bis Eric Satie kennenlernte, bis ich die Probenarbeit in ausschließlich französischer Sprache schließlich als „normal" empfand, war es nur naheliegend, mit diesem neuen Erfahrungsschatz im WS 1992/93 gleich wieder in das Polifonia-Ensemble zurückzukehren. Kürzlich wiedergefundene Briefe aus dem Jahr 1991 erinnern daran, dass Michael Hoyer mir sogar schon ein Jahr früher detaillierte Informationen zum aktuellen Programm des Hochschulorchesters hatte zukommen lassen, verbunden mit dem Angebot, bereits im Juli 1991 wieder an einem Semesterabschlusskonzert im Audimax mitzuwirken. Was für ein Vertrauensvorschuss schon damals, mich in den entsprechenden Werken von Dvořák, Wagner und Mendelssohn im Zweifelsfall sogar mit nur zwei Probenteilnahmen vor der Aufführung einsetzen zu wollen. In meinem wiedergefundenen Kalender aus dem Jahr 1992 finden sich dann also – parallel zu Terminen im Zusammenhang mit dem Abschluss meines Promotionsverfahrens an der Fakultät für Linguistik und Literaturwissenschaft und zu der für mich damals nicht ganz einfachen Suche nach einer Post Doc-Stelle an einer deutschen Universität – Eintragungen zu zwei Probenwochenenden im Oktober und zu gleich drei Konzertterminen am 31.10., am 14.11. und am 8.12.1992. Mit der Annahme einer Stelle an der Universität Hildesheim zum 1. Januar 1993 stand dann allerdings erst einmal das Ende meiner aktiven Mitwirkung als Geigerin im Polifonia-Ensemble für letztlich insgesamt 32 (!) Jahre kurz bevor. So spielte ich laut Eintragungen in meinem ebenfalls noch wiedergefundenen Kalender für das Jahr 1993 am 23. und 24. Januar noch einmal in zwei Konzerten des Polifonia-Ensembles mit einem Bachkantaten-Programm in der Peter-und-Pauls-Kirche in Heepen und in der Sarepta-Kapelle in Bethel mit, suchte dann aber nach meinem Umzug nach Hildesheim recht bald den Kontakt zum dortigen Universitätsorchester, das sich im Umfeld der damals noch im Aufbau befindlichen Kulturpädagogik-Studiengänge etabliert hatte. In ganz besonders toller Erinnerung ist mir allerdings auch noch meine Teilnahme an der von Michael und Gisela Hoyer im Frühjahr 1993 organisierten Orchesterfahrt nach Umbrien (Italien) geblieben. Nach einer intensiven und nach meiner Erinnerung für das Ensemble zeitweise durchaus klimatisch, musikalisch und zwischenmenschlich herausfordernden Probenwoche vor Ort gaben wir zwei Konzerte, zunächst am 31.3. in dem kleinen Ort *Passignano sul Trasimeno* und dann am 2.4.1993 in der *Aula Magna* der Universität von Perugia. Auf dem Programm standen damals das Brandenburgische Konzert Nr. 3 von J.S. Bach, das Concerto grosso II von Ernst Krenek und das Konzert für Klarinette und Orchester A-Dur von W.A. Mozart.

Auch wenn mir Michael Hoyer danach weiterhin anbot, immer wieder einmal auch kurzfristig im Polifonia-Ensemble mitzuwirken, kam es in den darauffolgenden Jahren – bedingt letztlich in erster Linie durch weitere berufliche Wechsel an andere Hochschulen – zu längeren Unterbrechungen in unserem Kontakt. Über viele Jahre gelang es mir lediglich ab und zu, als Zuhörerin zu einem Semesterabschlusskonzert ins Audimax zu kommen. Ein ganz besonderer Höhepunkt war dann u.a. aber das Wiedersehen zum La Traviata-Opernprojekt im März und April 2017,

umgesetzt inzwischen mit Lara Venghaus als beeindruckender Projekt-
leiterin und Gesangssolistin.[4]

Was lässt sich nun aus meinen bisher geschilderten, natürlich individuell
geprägten und auch subjektiv gefärbten Erfahrungen mit dem UOB im
Zeitraum 1981 bis heute in Bezug auf die Rolle des Ensembles im Gesamtgefüge der Uni Bielefeld ableiten? Was hat sich über die Zeit verändert
und wie ist es zum Zeitpunkt des 50-jährigen Bestehens um die nachhal-
tige institutionelle und finanzielle Absicherung des Orchesters bestellt?
Diesen Fragen möchte ich nachfolgend noch einmal systematischer mit
Bezug auf das sog. *Third Mission*-Konzept nachgehen und aufzeigen, inwiefern die Aktivitäten des UOB auch als gesellschaftliches Engagement
in der Region Ostwestfalen wirksam werden.

Die Projektarbeit des UOB als besondere Third Mission-
Aktivität der Universität Bielefeld

---

[4] Nicht genauer eingehen kann ich in diesem Beitrag auf die vielfältigen Impulse,
die ich für meine eigene Weiterentwicklung als Amateurgeigerin in den letzten
15 Jahren über die Mitwirkung in kammermusikalischen Ensembles und Projekten im Harzkreis, insbesondere im Collegium musicum Wernigerode und über
das Kloster Michaelstein (Sitz der Musikakademie Sachsen-Anhalt) erfahren
habe. Vermutlich war es vor allem aber auch meine von Michael Hoyer mitge-
prägte Neugierde und Offenheit für bislang Unbekanntes, die mich ermutigt haben, mir über den Kontakt zu professionellen Barockgeigerinnen wie Anne
Schumann (früher Blankenburg, jetzt Dresden) und Cornelia Strobelt (Blankenburg) zusätzlich die Welt der historisch informierten Aufführungspraxis auf einer vor einigen Jahren erworbenen Barockgeige zu erschließen. So wurde es
möglich, nun auch in diesem Segment als Amateurgeigerin in verschiedenen Ensembles und Sommerakademie-Projekten für Alte Musik mitzuspielen, wie beispielsweise in Deutschland im Kloster Michaelstein, im Amateur-Barock-
Orchester des zamus in Köln oder bei der Europäischen Akademie für Heilende
Künste in Klein Jasedow, in Frankreich bei der *Académie Buissonnière* in Embrun
oder in den Niederlanden bei *La Pellegrina*.

103

Gleicht man die Projektarbeit des UOB mit typischen Definitionskriterien des *Third Mission*-Konzepts[5] ab, so belegen intern archivierte Dokumente des Orchesters wie Teilnehmerlisten, Konzertprogramme und Presseartikel, ergänzt durch die von mir bei der Orchester- und Projektleitung erfragten Zusatzinformationen, die aktuelle Webpräsenz des Orchesters und die im Rahmen dieser Festschrift zusammengetragenen Erinnerungen längerfristiger Mitglieder, dass unter der Leitung von Michael Hoyer mit den Proben- und Aufführungspraktiken des UOB ein Format für kulturell-musikalische Bildung und Teilhabe entwickelt wurde, das einem breiten Kreis von Mitwirkenden unterschiedlicher Altersgruppen zugänglich ist. In Interaktion auch mit der nichtakademischen Umwelt nimmt dieses Format systematisch Bezug auf gesellschaftliche Bedürfnisse, die mit herkömmlichen Aktivitäten der Universität Bielefeld in Forschung und Lehre allein kaum bedient werden könnten.[6] Weder für die Mitwirkenden im Orchester noch für die Zuhörer:innen bei den Aufführungen werden von der Universität Bielefeld bis heute Gebühren bzw. Eintrittsgelder erhoben. Was die auch hochschulpolitisch immer wieder geforderte Orientierung von *Third Mission*-Aktivitäten an der Bearbeitung gesellschaftlicher Zukunftsfragen betrifft,[7] so ist nicht nur das La Traviata-Opernprojekt aus dem Jahr 2017 ein herausragendes Beispiel

---

[5] Vgl. dazu genauer Henke / Pasternack & Schmid (2017) und Prantl et al. (2023).
[6] Eine erste Sichtung musikwissenschaftlicher und musikpädagogischer Literatur ergab, dass insgesamt nur wenige empirische Arbeiten zu Laiensinfonieorchestern speziell in akademischen Kontexten vorliegen (vgl. bspw. Kayser-Kadereit 2002) bzw. dass zu diesem Bereich vor allem aus Anlass von Jubiläen Festschriften veröffentlicht werden, in denen vorrangig die Chronologie der Orchestertätigkeit dokumentiert wird (vgl. u.a. Kayser-Kadereit 2018).
[7] Kritisch mit dem *Third Mission*-Konzept für Hochschulen beschäftigt sich bspw. Lassnigg (2022).

für innovative Beiträge des Orchesters zur Flüchtlingsintegration unter zusätzlicher Kooperation auch mit einer größeren Zahl von Mitgliedern unterschiedlichen Alters der Aufnahmegesellschaft, wie bspw. einer Schulklasse, die unter Anleitung das Bühnenbild erstellte. Auch aktuell nimmt wieder ein erfahrener ukrainischer Musiker die Funktion des Konzertmeisters im Ensemble wahr und erhält damit – auch noch ohne vertiefte Deutschkenntnisse – intensiven Einblick in ein deutsches Amateur-Sinfonieorchester und kann sich von hier aus trotz unsicherer Zukunftsperspektive mit anderen, auch professionellen Musiker:innen der Region vernetzen.

Für die an den verschiedenen Projekten beteiligten Amateur-musiker:innen bietet praktisch jede Probe mit dem Musikwissenschaftler Michael Hoyer darüber hinaus Gelegenheit zur eigenen musikalisch-kulturellen Weiterbildung, denn der Dirigent achtet stets bewusst darauf, bei der gemeinsamen Erarbeitung von Werken auch immer Hintergrundwissen über die Kompositionsweise oder den relevanten musikhistorischen Kontext zu vermitteln. Insofern steht in seinem didaktischen Konzept für Laienmusiker:innen seit jeher weniger das Streben nach technischer Perfektion und das „Abliefern" eines möglichst fehlerfreien Endprodukts im Abschlusskonzert im Vordergrund als vielmehr der Prozess der intensiven Beschäftigung mit einem sinfonischen Werk über den Verlauf einer Projektphase.[8] Dass sich diese Herangehensweise immer wieder für eine beträchtliche Anzahl entsprechend vorgebildeter musikalischer Laien weit über die Universität Bielefeld hinaus in der Region Ostwestfalen als attraktiv erweist, belegen u.a. die Aussagen langjähriger Mitglieder, die –

---

[8] Vgl. dazu auch den Beitrag von Lara Venghaus in dieser Festschrift.

wie in meinem Fall – in ihrer aktiven Zeit im UOB als junge Erwachsene auch nachhaltig dazu angeregt wurden, sich im Sinne von lebenslangem Lernen neben ihrer Berufstätigkeit später an anderen Standorten musikalisch weiterzuentwickeln, und nun als herzlich willkommen geheißene Ehemalige beim Jubiläumskonzert mitwirken. Kontinuität im Orchester werde, so sein Leiter Michael Hoyer, allerdings vor allem durch langjährig vor Ort Mitwirkende gewährleistet, die „das Skelett" des Ensembles bildeten, nachdem sich vor allem in der Gruppe der Studierenden im Vergleich zu den 1980er und 1990er Jahren nach der Einführung modularisierter Studiengänge im Zuge der Bologna-Reform deutlich häufigere Hochschulwechsel auch auf ihre Verweildauer im UOB ausgewirkt hätten.[9]

Was die aus Sicht der Hochschulforschung wichtige zumindest lose Kopplung von *Third Mission*-Aktivitäten an Kernaufgaben der Universität in Forschung und Lehre betrifft,[10] so wurde diese Frage von der Universität Bielefeld institutionell inzwischen dadurch beantwortet, dass das UOB – wie auch andere Musikensembles – seit 2003 an dem seinerzeit neu gegründeten Zentrum für Ästhetik angesiedelt ist. Es gehört – ähnlich wie der Hochschulsport und das Fachsprachenzentrum – zu den zentralen Betriebseinheiten, ist zuständig für künstlerische und kulturelle Aktivitäten an der Universität und bietet einen Rahmen für die Organisation von

---

[9] Neuere Überblicksartikel zur außerschulischen musikalischen Bildung (Dartsch 2024) und zu motivationalen Gründen von Studierenden, sich an Hochschulen kulturell zu engagieren (Gerdiken / Lämmlein 2022), schließen den Bereich akademischer Laienorchester leider nicht in ihren Untersuchungsgegenstand ein.
[10] Vgl. Henke / Pasternack & Schmid (2017, S. 74).

Konzerten, Ausstellungen und Lesungen. Allerdings handelt es sich bei dem Zentrum nicht um eine wissenschaftliche Einrichtung und es besteht daher auch keine unmittelbare fachliche Anbindung an den Bereich Kunst- und Musikpädagogik – Musikvermittlung, der an der Fakultät für Linguistik und Literaturwissenschaft verortet ist.[11] Zwar kann das UOB bei Bedarf auf das Sekretariat des Fachs Musik zurückgreifen, um bspw. eine Aktualisierung von Proben- und Konzertankündigungen vornehmen zu lassen; ein eigenes Schreibrecht auf der Webpräsenz besteht für die Orchesterleitung jedoch nicht. Den Lehrauftrag für Michael Hoyer für die Orchesterleitung finanziert das Rektorat semesterweise aus dem Etat der Universität. Sein weit über die Durchführung wöchentlicher Orchester- proben hinausgehendes ehrenamtliches Engagement bei der Organisa- tion und Durchführung von Probenwochenenden in den Räumen der Universität oder in externen Tagungshäusern, aber auch die Kontakt- pflege zu Solist:innen, die bereit sind, für deutlich unter ihrem Marktwert liegende Honorare an großen Konzerten mitzuwirken, werden hingegen finanziell nicht honoriert.

Was das im Kontext aktueller Hochschulentwicklungen inzwischen im- mer wichtiger gewordene Projektmanagement betrifft, so wird dieses

---

[11] Hier ist auch die erst 2018 gegründete musikpädagogische Forschungsstelle zu nennen, an der laut Webpräsenz musikpädagogische Forschungs- und Ent- wicklungsprojekte angesiedelt sind, „die durch das gemeinsame Querschnitts- thema ‚Vielfalt Gehör verschaffen – Musikalisches Lernen in heterogenen Gruppen‘ verbunden sind" (*https://www.uni-bielefeld.de/fakultaeten/linguistik- literaturwissenschaft/kumu/forschung/musikpadagogische-forschu/*). Mit dem Blick von außen könnte ein Austausch mit dem relativ neu hinzugekommenen fachlichen Profil der Professur für Musikvermittlung durchaus interessant er- scheinen und Impulse für beide Seiten bringen. Zum Konzept der ‚Musikvermitt- lung‘ und sog. ‚Dialoggruppen‘ als Adressaten von Konzerten vgl. u.a. die Beiträge im Handbuch Musikvermittlung von Petri-Preis / Voit Hg. (2023).

ausschließlich auf ehrenamtlicher Basis umgesetzt, koordiniert seit etwa 2010 von Lara Venghaus mit einem wechselnden Team von in der Regel nur bedingt in diesem Segment vorgebildeten Freiwilligen aus der jeweiligen Orchesterbesetzung und Mitgliedern im 1996 gegründeten gemeinnützigen Förderverein des Universitätsorchesters der Universität Bielefeld. Zu den Aufgaben im Projektmanagement gehört nicht nur die fachlich anspruchsvolle Öffentlichkeitsarbeit, sondern auch die Akquise von Fördermitteln und Sponsoren für Plakatgestaltungen, den Druck von Programmen und die in der Regel langfristig anzugehende Anmietung von Aufführungsorten mit adäquater Akustik für sinfonische Darbietungen wie aktuell im Jubiläumsjahr der Oetker-Halle. Mit dem Blick von außen erscheint dieser Aufgabenbereich ohne die langjährige fachlich einschlägige Erfahrung des Teams Hoyer / Venghaus kaum in vergleichbarer Qualität umsetzbar.

Fazit und Ausblick

Das Hauptanliegen meines Beitrags war es, über eine explorative Herangehensweise herauszuarbeiten, welches Profil sich das Universitätsorchester im Gesamtgefüge der Universität Bielefeld seit seiner Gründung vor 50 Jahren gegeben hat und inwiefern es mit Formaten für musikalisch-kulturelle Bildung in der Region Ostwestfalen Wirkungen entfaltet, die sich mit dem *Third Mission*-Konzept genauer charakterisieren lassen. Auch wenn die Ergebnisse der hier vorgestellten Datenauswertung selbstverständlich einer Überprüfung auf einer breiteren empirischen Basis bedürfen, lässt sich festhalten, dass das UOB im Gesamtprofil der Universität nachweislich auf hohem Qualitätsniveau wichtige Aufgaben im Handlungsfeld gesellschaftliches Engagement, speziell in den

Bereichen Erwachsenenbildung und Ermöglichung von kultureller Teilhabe erfüllt. Insofern ist dem UOB wie auch der gesamten Universität zu wünschen, dass zukünftig vermehrt nach Lösungen für eine langfristige Konsolidierung und entsprechend organisatorisch-finanzielle Absicherung der Orchesterarbeit aus den Ressourcen der Universität gesucht wird. Ohne die Schaffung adäquater Stellen für die künstlerische Leitung und das Projektmanagement aus dem Regelhaushalt der Universität, ergänzt durch eine dauerhaft verlässliche Bereitstellung von Sachmitteln, lässt sich dies kaum gewährleisten.

Literatur

Apfelbaum, Birgit (2023): Soziale Innovationen im kommunalen Raum. Ergebnisse transdisziplinär-partizipativer Forschung und Entwicklung im Zeitraum 2010 bis 2023. In: Fachbereich Verwaltungswissenschaften der Hochschule Harz (Hg.): Verwaltung interdisziplinär denken. Festschrift zum 25-jährigen Bestehen des Fachbereichs Verwaltungswissenschaften der Hochschule Harz. Münster: LIT Verlag (Forschungsbeiträge zum Public Management, 11), S. 193–217.

Dartsch, Michael (2024): Außerschulische musikalische Bildung (2024). In: KULTURELLE BILDUNG ONLINE: https://www.kubi-online.de/artikel/ausserschulische-musikalische-bildung-2024 (letzter Zugriff am 04.02.2025)

Gerdiken, Ulrike / Lämmlein, Barbara (2022): Von Bigband bis Urban Gardening. Motivationale Gründe Studierender für ein kulturelles Engagement an Hochschulen. In: KULTURELLE BILDUNG ONLINE: https://www.kubi-online.de/artikel/bigband-bis-urban-gardening-motivationale-gruende-studierender-kulturelles-engagement (letzter Zugriff am 04.02.2025)

Henke, Justus / Pasternack, Peer & Schmid, Sarah (2017): Mission, die Dritte. Die Vielfalt jenseits hochschulischer Forschung und Lehre: Konzept und Kommunikation der Third Mission. Berlin: Wissenschafts-Verlag. (letzter Zugriff am 04.02.2025)

Kayser-Kadereit, Claudia (2002): Das Laiensinfonieorchester im Horizont von Anspruch und Wirklichkeit. Eine Studie zum Selbstverständnis, zum Repertoire, zu künstlerischen und strukturellen Entwicklungen nebst orchesterpädagogischen Schlussfolgerungen. Osnabrück: epOs Music (zugleich Osnabrück, Univ., Diss., 1999).

Kayser-Kadereit, Claudia (2018): 25 Jahre Sinfonieorchester der Universität Osnabrück: 1993-2018. Osnabrück: Universität, Institut für Musikwissenschaft und Musikpädagogik.

Lassnigg, Lorenz (2022): Diskurse um die „Third Mission" – neue Räume für gesellschaftskritische Aufgaben von Universitäten / Hochschulen? In: Mieg, Harald A. / Havemann, Frank (Hg.): Kritisches Denken – Critical Thinking. Wissenschaftsjahrbuch 2021. Berlin: Wissenschaftlicher Verlag Berlin, S. 183-216.

Petri-Preis, Axel / Voit, Johannes (Hg.) (2023): Handbuch Musikvermittlung – Studium, Lehre, Berufspraxis. Bielefeld: transcript. https://doi.org/10.14361/9783839462614

Prantl, Judith et al. (2023): Inwieweit erfüllen Hochschule ihre „Third Mission"? Sichtweisen der regionalen Bevölkerung auf Hochschulen und ihre Angebote. In: Zeitschrift Hochschule und Weiterbildung (ZHWB), 1, S. 30-38. https://doi.org/10.11576/zhwb-5932

Venghaus, Lara (in diesem Band): Im Mittelpunkt der Ausführung steht der Ausführende. Vom Dilettantismus als Ausdruck des Daseins des Einzelnen.

Westermann, Georg et al. (2022): Understanding Third Mission Activities as Services to Cooperatively Design the Non-Academic Environment. Journal of Higher Education Theory and Practice/American Business Press, Vol. 22(15), Atlanta, GA. Sheridan, WYS, S. 49-63.

50 Jahre Engagement, Können und Liebe zur Musik

Eine Reise vom Jungen Kammerorchester zum Universitätsorchester Bielefeld

Isaak Dieme

Es war der Oktober im Jahr 1974. Ein Zivildienstleistender, ein Jura- und ein Physikstudent trafen aufeinander. Eine Konstellation, welche im ersten Moment vielleicht nicht besonders ungewöhnlich klingen mag, aber dennoch außergewöhnliche Ambitionen verfolgte: Volker Schlaf, Meinhard Sprinz und Felix Schumacher fanden zusammen, weil sie den Wunsch nach einer Möglichkeit zum gemeinsamen Musizieren hegten. Wichtig war dabei vor allem, dass die Laienmusik im Vordergrund stehen sollte, und so fanden sich mithilfe von in der Universität und im Raum Bielefeld verteilten Handzetteln zur ersten Probe am 11.12.1974 15 Laienmusiker im Gemeindehaus der Bodelschwinghgemeinde in der Voltmannstraße ein. Die Leitung dieses ersten Zusammentreffens übernahm Meinhard Sprinz, und gemeinsam wurde das *Junge Kammerorchester Bielefeld* ins Leben gerufen.[1]

---

[1] Felix Schumacher: Brief an das Rektorat der Universität Bielefeld vom 12.12.1974, aus dem Universitätsarchiv Bielefeld.

Universität Bielefeld   **Fakultät für Physik**

Abteilung
Theoretische Physik

Felix Schumacher

Universität Bielefeld 46 Bielefeld

An das Rektorat der
Universität Bielefeld
Referat für
Öffentlichkeitsarbeit
46 B I E L E F E L D

Wellenberg 5

Herforder Straße 28   Fon (0521) 626 05

Bielefeld, den   12. 12. 1974

Az.: Sch/dts

Betr.: Unterstützung für ein Orchester an der Universität Bielefeld

Sehr geehrter Herr Dr. Trott !

Am 11. Dezember 1974 trafen sich zum ersten Male 15 Musiker aus dem
Bereich der Universität Bielefeld, der Pädagogischen Hochschule
Westfalen-Lippe, Abteilung Bielefeld, und der Hochschule für Musik
in Detmold zur Gründung eines Orchesters auf Hochschulebene. Die
damit verbundene erste Orchesterprobe verlief im großen und ganzen
recht erfolgversprechend, wobei natürlich gesagt werden muß, daß wir
uns auf die Dauer noch wesentlich erweitern müssen, um ein für alle
befriedigendes Niveau zu erreichen. Dabei stellen sich für uns folgende
Fragen an die Universität:

1) Gibt es innerhalb der Universität Übungsräume, in denen
das Orchester einmal pro Woche abends proben kann?

2) Ist es möglich, daß die Universität uns beim "Rühren der
Werbetrommel" finanziell und/oder organisatorisch helfen
kann?

3) Besitzt die Universität Geldmittel, um für uns Notenmaterial
anzuschaffen? (Leider ist das Literaturangebot von Seiten
der Stadtbibliothek Bielefeld sehr gering.)

4) Wäre die Universität Bielefeld bereit, nach einer gewissen
Konsolidierungszeit für das Orchester einen hauptamtlichen
Leiter (z.B. Musiklehrer im Hochschuldienst) einzustellen?

- 2 -

Felix Schumacher: Brief an das Rektorat der Universität Bielefeld vom 12.12.1974, S. 1, aus dem Universitätsarchiv Bielefeld.

Ich bin mir natürlich darüber im klaren, daß der Punkt 4) besonders problematisch ist, aber der hat ja sowieso noch Zeit. Brennend aktuell sind für uns im Anfang vorerst die Punkte 1) bis 3). Bitte, schreiben Sie mir, ob und unter welchen Bedingungen die Universität Bielefeld sich in der Lage sieht, uns zu unterstützen. Das "Junge Kammerorchester" (so ist unser vorläufiger Name) bedankt sich schon jetzt für Ihre Bemühungen.

Mit freundlichen Grüßen,

(Felix Schumacher)

1 Anlage

Felix Schumacher: Brief an das Rektorat der Universität Bielefeld vom 12.12.1974, S. 2, aus dem Universitätsarchiv Bielefeld.

114

Bembé, Nicolaij	4905 Spenge 1 Raiffeisenstr. 2	Querflöte Fak. für PPP
Burghardt, Christoph	48 Bielefeld Oelmühlenstr. 39 b	Geige PH Bielefeld
Güllemann, Dr., Dirk	48 Bielefeld Jöllenbecker Str. 58	Klavier (basso cont.) Fak. f. Rechtswissensch.
Hesse, Inge	4811 Heepen Killegosser Str. 72	Cembalo, Oboe Fak. f. Mathematik
Hubbes, Harald	48 Bielefeld Sieker Wall 15	Cello Fak. f. Physik
Hüttel, Reinhold	48 Bielefeld Altdorferstr. 27	Geige Fak. f. Rechtswissensch.
Leder, Karl	48 Bielefeld Friedrichsstr. 23	Geige Fak. f. Physik
Leiner, Michael	48 Bielefeld Friedrichsstr. 44	Blockflöte, Querflöte Fak. f. Mathematik
Prudnik, Eva-Maria	48 Bielefeld Kiskerstr. 26	Geige Krankenschwester
Reinicke, Christian	48 Bielefeld Schildescher Str. 104	Blockflöte, Bratsche, Cembalo, Klavier, Orgel Fak. f. Geschichts- wissenschaften
Schlaf, Volker	48 Bielefeld Oelmühlenstr. 89 b	Kontrabaß Fak. f. Rechtswissensch.
Schmidt, Rüdiger	4812 Brackwede Sandweg 7 a	Geige Fak. f. Mathematik
Schumacher, Felix	48 Bielefeld Altenhagener Str. 4	Bratsche, Geige Fak. f. Physik
Schütte, Wilfried	48 Bielefeld Lange Str. 27 a	Oboe Fak. f. LiLi
Simet, Georg	4905 Spenge 1 Raiffeisenstr. 2	Bratsche Fak. f. PPP

- II -

Felix Schumacher: Brief an das Rektorat der Universität Bielefeld vom 12.12.1974, S. 3, aus dem Universitätsarchiv Bielefeld.

Sprinz, Meinhard	4814 Senne I	Oboe, Taktstock
	Reuterstr. 3	Hochschule für Musik
		(Detmold)
Stähle, Brigitte	48 Bielefeld	Cello
	Bismarckstr. 1 a	Krankengymnastin
Stähle, Dr., Ulrich	48 Bielefeld	Geige
	Bismarckstr. 1 a	Arzt
Tönnies, Susanne	48 Bielefeld	Oboe
	Rolandstr. 29	Musiklehrerin
Zessin, Hans-Norbert	48 Bielefeld	Geige
	Ludwig-Lenner-Str. 26	Fak. f. Mathematik

Felix Schumacher: Brief an das Rektorat der Universität Bielefeld vom 12.12.1974, S. 4, aus dem Universitätsarchiv Bielefeld.

Nachdem die regelmäßigen Proben des mit der Zeit stetig wachsenden Orchesters ab dem Frühjahr 1975 in den Musiksaal des Oberstufenkollegs verlegt wurden, übernahm Herbert Gietzen, welcher zu dieser Zeit Kapellmeister am Theater Bielefeld war, die Leitung. Und nur kurze Zeit später, am 20. November desselben Jahres, folgte dann bereits das erste Konzert des Jungen Kammerorchesters: im Audimax der Universität Bielefeld erklangen W. A. Mozarts *Sinfonie in A-Dur KV 201* und Domenico Cimarosas *Konzert für 2 Querflöten und Orchester*. Auch die nachfolgenden Konzerte, welche nun von Hermann Breuer, zu diesem Zeitpunkt Korrepetitor am Stadttheater, geleitet und unter dem Namen *Hochschulorchester Bielefeld* aufgeführt wurden, enthielten ein anspruchsvolles Programm. So wurden am 24.04.1977 unter dem Motto *Musik des Barock* ein *Konzert für zwei Violoncelli und Streicher* von Vivaldi und das erste *Brandenburgische Konzert* von J. S. Bach aufgeführt.[2] Anschließend kam es erneut zu einem Wechsel in der Führung des Orchesters, welche ab 1977 für drei Jahre bei Christoph Scholz lag, bevor Michael Hoyer, Absolvent der Dirigierklasse von Professor Hanns Reinartz, 1980 diese dann übernahm und bis heute inne hat.

 Das anfängliche Junge Kammerorchester hatte sich innerhalb von nur wenigen Jahren nicht nur zahlenmäßig, hauptsächlich aufgrund des Beitritts von Studierenden der Universität Bielefeld, stark vergrößert, sondern sich auch eine musikalische und finanzielle Unterstützerin in Gestalt der Westfälisch-Lippischen Universitätsgesellschaft gesichert.[3]

---

[2] Bielefelder Tageblatt: „Konzert des Hochschulorchesters", in: *Neue Westfälische*, Nr. 86, 14.04.1977.
[3] Vgl. Bielefelder Tageblatt: „Hochschulorchester gibt ein Konzert", in: *Neue Westfälische*, 27.06.1997; Bielefelder Tagesblatt: „Solisten-Preisträger von

In den drauffolgenden Jahren blieb das erarbeitete Programm des Hochschulorchesters weiterhin stets abwechslungsreich. Es wurden nicht nur viele bekannte Werke von Franz Schubert, Joseph Haydn, Robert Schumann oder Ludwig van Beethoven gespielt, sondern dem Publikum auch eher weniger bekannte Werke präsentiert.[4]

Beispielsweise war im Wintersemester 1982/83 die *Sinfonie singulière* des schwedischen Komponisten Franz Berwald zu hören. Dessen Kompositionen wurden zu Lebzeiten von seinen Zuhörenden oftmals als verwirrend oder gar bizarr wahrgenommen, und zwischenzeitlich wandte sich Berwald sogar nach einigen erfolglosen Werken der orthopädischen Medizin zu, bevor er dann 1845 die *Sinfonie singulière* zu Papier brachte.[5]

Ein weiteres Werk, welches vielen eher unbekannt gewesen sein dürfte, war Aleksandr Konstantinovič Glazunovs *Konzert für Violine und Orchester in a-Moll*, welches im Wintersemester 1997/98 vom *Hochschulorchester* präsentiert wurde. Glazunov wurde 1865 in St. Petersburg geboren und erlebte seinen ersten musikalischen Durchbruch mit der Aufführung seiner 1. Sinfonie, welche er im Alter von gerade einmal 16 Jahren komponierte.[6] Sein *Konzert für Violine und Orchester in a-Moll* schrieb er 1904 und widmete es dem Violinisten Leopold Auer, welcher es auch bei der

---

‚Jugend musiziert'. Sinfoniekonzert des Hochschulorchesters", in: *Neue Westfälische*, 06.02.1980.

[4] Vgl. *Dirigenten und Konzertmeister:innen* sowie *Konzerte* im Anhang, aus dem Archiv des Universitätsorchesters Bielefeld.

[5] Nils Castegren, SL, Clauserling Lomnäs: Art. „Berwald, Franz (Adolf), Biographie", in: *MGG Online*, hrsg. von Laurenz Lütteken, New York, Kassel, Stuttgart 2016ff., zuerst veröffentlicht 1999, online veröffentlicht 2016, https://www.mgg-online.com/mgg/stable/532337, abgerufen am 08.02.2025.

[6] Stuart Campbell und Dorothea Redepenning: Art. „Glazunov, Aleksandr Konstantinovič", in: *MGG Online*, hrsg. von Laurenz Lütteken, New York, Kassel, Stuttgart 2016ff., zuerst veröffentlicht 2002, online veröffentlicht 2016, https://www.mgg-online.com/mgg/stable/532340, abgerufen am 08.02.2025.

Uraufführung in St. Petersburg spielte.[7] Tobias Sturm, der im Konzert des Hochschulorchesters am 09.02.1998 als Solist auftrat,[8] war und ist ein namhafter Violinist. In Bielefeld geboren, wurde er bereits mit 12 Jahren Jungstudent in der Klasse von Professor Ulf Wallin in Detmold und absolvierte zahlreiche Studien und Konzertreisen im In- und Ausland.[9]

JUBILÄUMSKONZERT

Eike Tiedemann
Stefan Vinke
Michael Hoyer
Hochschulorchester Bielefeld

1999 WS 98_99 Programmheft Jubiläumskonzert 09.02.1999_25 Jahre, aus dem Archiv des Universitätsorchesters Bielefeld.

Im Wintersemester 1998/99 war es dann soweit, das 25-jährige Jubiläum des Hochschulorchesters wurde gefeiert. Mit Gustav Mahlers *Lied von der Erde* stand auf dem Konzertprogramm ein besonderes Werk für einen besonderen Anlass. Das Werk beruht textlich auf der deutschen Gedichtsammlung *Die chinesische Flöte* von Hans Bethge aus dem Jahr 1907, welche dieser wiederum auf der Basis englischer und französischer Übersetzungen altchinesischer Lyrik verfasste. Gattungstechnisch ist *Das Lied von der Erde* insofern überaus interessant, da Mahler die sechs Liedsätze in ein symphonisches Konzept zu integrieren suchte. Hermann Danuser schrieb in

---

[7] Symphoniker Hamburg e. V.: *Violinkonzert a-Moll op. 82*, https://www.symphonikerhamburg.de/werke-archiv/alexander-glasunow-violinkonzert-a-moll, abgerufen am 08.02.2025.

[8] *1998 WS 97_98 Programmheft Konzert 09.02.1998* [Word-Dokument], aus dem Archiv des Universitätsorchesters Bielefeld.

[9] Universität Bielefeld: *Solist*innen, Tobias Sturm*, https://www.uni-bielefeld.de/uni/kultur-veranstaltungen/musik/universitaetsorchester/wer-wir-sind/solisten/, abgerufen am 08.02.2025.

seinem Artikel über Gustav Mahler in der Enzyklopädie *Die Musik in Geschichte und Gegenwart* folgendes über dieses Vorhaben: „Wie kann es gelingen, einen Liederzyklus zu schreiben, der zugleich und in einem eine Symphonie ist, und umgekehrt eine Vokalsymphonie, die zugleich und in einem ein Liederzyklus ist?"[10] Die Antwort auf diese doppelte Fragestellung suchte er in Mahlers kompositorischer Verarbeitung des musikalischen Materials, in welchem er „Ideen musikalischer Lyrik und lyrischer Symphonik", z. B. in der Aufteilung von „Liedstrophe" und „symphonischer Strophe", sah.[11] Für die überaus anspruchsvollen Vokalpartien des *Lieds von der Erde* konnten beim Jubiläum des Hochschulorchesters der namhafte Tenor Stefan Vinke und die als Oratoriensängerin bekannte Altistin Eike Tiedemann gewonnen werden;

Hochschulorchester Bielefeld
Jubiläumskonzert zum 25jährigen Bestehen
9. Februar 1999
Auditorium Maximum der
Universität Bielefeld

PROGRAMM

GUSTAV MAHLER
1860 - 1911

Das Lied von der Erde
1. Das Trinklied vom Jammer der Erde
2. Der Einsame im Herbst
3. Von der Jugend
4. Von der Schönheit
5. Der Trunkene im Frühling
6. Der Abschied

AUSFÜHRENDE

Eike Tiedemann, Alt
Stefan Vinke, Tenor
Hochschulorchester Bielefeld
Dr. Michael Hoyer, Leitung

Wir danken für die freundliche Unterstützung der Westfälisch-Lippischen Universitätsgesellschaft sowie der Theater- und Konzertfreunde Bielefeld e.V.

Um die Arbeit des Orchesters fortführen zu können, bittet der Förderverein des Hochschulorchesters am Ausgang um eine kleine Spende.

1999 WS 98_99 Programmheft Jubiläumskonzert 09.02.1999_25 Jahre, aus dem Archiv des Universitätsorchesters Bielefeld.

---

[10] Hermann Danuser: Art. „Mahler, Gustav", in: *MGG Online*, hrsg. von Laurenz Lütteken, New York, Kassel, Stuttgart 2016ff., zuerst veröffentlicht 2004, online veröffentlicht 2016, https://www.mgg-online.com/mgg/stable/53239, abgerufen am 09.02.2025.
[11] Ebd.

letztere war bereits 1994 als Solistin des HSO in Gustav Mahlers *Rückert-Liedern* zu hören gewesen.[12]

Der große Erfolg der ersten Hälfte des 50-jährigen Bestehens des Orchesters spiegelte sich auch in den Reaktionen der Presse auf das rasante Wachstum und die regelmäßigen Konzerte wider. So schrieb die Zeitung *Neue Westfälische* in ihrem Bielefelder Tageblatt 1978, nur kurze Zeit nach der Gründung des Orchesters: „Es ist erstaunlich, wieviele Freunde und auch Mitwirkende das Orchester seit der Gründung vor gut drei Jahren gewonnen hat".[13] Das *Westfalen-Blatt* wiederum lobte ein paar Jahre später 1994 den besonderen Einsatz des Dirigenten und des Orchesters:

> „Michael Hoyer ging das Werk [R. Schumanns *Sinfonie in g-Moll*] frisch und feurig an, und man kann die Ausführenden nur dazu beglückwünschen, dieses unvollendete Werk [...] aus der Versenkung geholt und einstudiert zu haben."[14]

Nochmals einige Jahre später hob ein Artikel, welcher ebenfalls in der *Neuen Westfälischen* erschien, die Qualität des Semesterschlusskonzerts im Februar 1997 hervor. Dort schilderte Eckard Britsch in Bezug auf die Interpretation von Franz Schuberts *Sinfonie Nr. 9 in C-Dur* „den Eindruck einer über weite Strecken konzentrierte[n] und inspirierte[n] Wiedergabe".[15]

---

[12] *1999 WS 98_99 Programmheft Jubiläumskonzert 09.02.1999_25 Jahre*, digitalisiertes Dokument aus dem Archiv des HSO.
[13] Bielefelder Tageblatt: „Begeisterung für das Hochschulorchester. Konzert im Rahmen der Universitätstage", in: *Neue Westfälische*, Nr. 31, 06.02.1978.
[14] Jürgen Schmidt: „Uni-Konzert: Unbekannter Schumann. Großer Abend für die Bläser", in: *Westfalen-Blatt*, 1994.
[15] Eckhard Britsch: „Hochschulorchester: Zum Semesterschluß Tschaikowski und Schubert", in: *Neue Westfälische*, 12.02.1997.

Dies sind nur einige Beispiele dafür, wie das Hochschulorchester mit seiner Musik viele Menschen begeistern konnte, und so lassen sich noch zahlreiche weitere Rezensionen und Berichte, beispielsweise im Archiv der Universität Bielefeld, auffinden.

Mit Beginn der zweiten Hälfte des 50-jährigen Bestehens ging es mit viel Engagement, Können und Liebe zur Musik weiter. Auch konnte sich das mittlerweile zahlenmäßig große Orchester weiterhin über die regelmäßige Zusammenarbeit mit erstklassigen Solist:innen für die Semesterkonzerte freuen. Ein sehr gutes Beispiel für eine solche Zusammenarbeit war und ist der Pianist Jan-Christoph Homann, welcher u. a. in Detmold, Hannover und Venedig studierte und über viele Jahre stets zum gemeinsamen Musizieren nach Bielefeld zurückkehrte.[16] Der Kontakt zum Pianisten wurde durch Lara Venghaus hergestellt, da beide zeitgleich ein Studium der Schulmusik an der Hochschule für Musik Detmold aufnahmen. Als Homann den Wunsch äußerte, gemeinsam mit einem Orchester zu musizieren, vermittelte Venghaus, die zu diesem Zeitpunkt als Oboistin im Hochschulorchester aktiv war, ihn an Michael Hoyer weiter, womit der Grundstein einer langjährigen Zusammenarbeit gelegt wurde. Das erste gemeinsame Projekt war die Aufführung von Peter I. Tschaikowskis *Klavierkonzert Nr. 1 in b-Moll* im Wintersemester 2008/09, weitere Klavierkonzerte von Franz Liszt (SS 2010), Sergej Rachmaninov (WS 2011/12 und 2018/19), Ludwig van Beethoven (SS 2013) und Johannes Brahms (WS 2015/16) folgten.[17] Besonders Homanns Interpretation von Tschaikowskis Klavierkonzert 2008/09 begeisterte sowohl das Publikum als auch die Presse, letztere berichtete in einer Rezension in der

---

[16] Vgl. *Dirigenten und Konzertmeister:innen* sowie *Konzerte* im Anhang.
[17] Ebd.

Neuen Westfälischen von „Applaus-Salven" der Zuhörenden und einem „beseelte[n] Lyrismus" in seinem Klavierspiel.[18] Zum 50-jährigen Jubiläum im WS 2024/25 kehrt Homann nun ebenfalls nach Bielefeld zurück, um dem Publikum Camille Saint-Saëns' *Klavierkonzert Nr. 2 in g-Moll* op. 22 zu Gehör zu bringen.

Doch nicht nur zahlreiche Instrumentalkonzerte, sinfonische Dichtungen und Sinfonien standen auf dem Programm des Orchesters, welches 2013 auf persönlichen Wunsch des damaligen Rektors Gerhard Sagerer in *Universitätsorchester Bielefeld* umbenannt wurde. Auch drei große Opernprojekte wurden mit intensiver Arbeit und Hingabe zur Aufführung gebracht. Carl M. von Webers *Der Freischütz* wurde im Oktober 2009 im Audimax halbszenisch aufgeführt, und da die Resonanz überaus positiv ausfiel, wurden W. A. Mozarts *Die Zauberflöte* im WS 2012/13 sowie Giuseppe Verdis *La Traviata* im April 2017 unter dem Titel *Oper im Audimax* weitergeführt.[19] Die Einstudierung und Aufführung solch anspruchsvoller Werke erforderte eine große Menge an Einsatz und Engagement bei allen Mitwirkenden, damit die Aufführungen, welche am Ende einer jeweils langen und intensiven Vorbereitungszeit standen, so gut gelingen konnten. Eine Besonderheit der Opernprojekte, welche auch in der regulären Probenarbeit stets zu beobachten war, stellte das Zusammenkommen von Laien- und Profimusiker:innen dar. So wurde z. B. für die Besetzungen der Solisten:rollen für *Die Zauberflöte* im Februar 2012 ein

[18] Matthias Gans: „Abgedroschenen Konzertreißer lyrisch beseelt. Jan-Christoph Homann beeindruckt beim Konzert des Hochschulorchesters Bielefeld", in: *Neue Westfälische*, Artikel vom 04.02.2009.
[19] Ebd.; Universität Bielefeld: *Universitätsorchester. Historie*, https://www.uni-bielefeld.de/uni/kultur-veranstaltungen/musik/universitaetsorchester/wer-wir-sind/historie/, abgerufen am 10.02.2025.

großes Casting veranstaltet, um nicht nur weitere interessierte Instrumentalist:innen für das Orchester zu gewinnen, sondern ebenfalls Chorsänger:innen, eine Regieassistenz, Solist:innen für die Gesangspartien sowie Personen, welche hinter der Bühne mitarbeiten wollten. Die Resonanz auf die Ausschreibung des Castings war beachtlich: über 70 Sänger:innen aus Deutschland, Österreich, Italien, Polen, den Niederlanden, Kanada, der Ukraine und den USA sangen vor. Und auch, wenn aufgrund der Rollenanzahl nur wenige von ihnen für eine Solopartie ausgewählt werden konnten, ließen sich durchaus einige der Bewerber:innen für die Verstärkung des Chores gewinnen. Insgesamt hat es das Opernprojekt auf eine stolze Anzahl von 180 Akteur:innen[20] geschafft, dabei u. a. der Männergesangsverein Germania-Sieker, die Ballettschule des Theaters Bielefeld, eine Klasse der Friedrich von Bodelschwingh-Schule sowie Schüler:innen des Maria-Stemme-Berufkollegs. Diese Vielfalt an Beteiligten verdeutlicht noch einmal den Anspruch des Orchesters, anspruchsvolle Werke nicht ausschließlich mit Profis aufzuführen, sondern auch Laien die Möglichkeit zu eröffnen, einen angeleiteten und geführten Zugang zur Gattung *Oper* zu erleben. Michael Hoyer sagte über dieses Vorhaben, dass er Menschen auf diese Weise die Chance geben wollte, „die Oper von innen zu erleben".[21]

Nach Abschluss der intensiven Probenarbeit folgte am Abend des 02.12.2012 die Premiere, welche vom Publikum mehr als wohlwollend aufgenommen wurde, und auch die Pressestimmen lobten das

---

[20] „Mozarts Zauberflöte an der Uni Bielefeld. Hochschulorchester probt für große Inszenierung im Audimax", in: *flurfunk*, Interner Newsletter der FH Bielefeld, Oktober 2012.
[21] Uta Jostwerner und Mike-Dennis Müller: „Großprojekt mit 180 Mitwirkenden. Hochschulorchester steckt in den Proben zur ‚Zauberflöte'", in: *Westfalen-Blatt*, 27.09.2012.

Opernprojekt. So war zwei Tage nach der Premiere im *Westfalen-Blatt* davon zu lesen, dass „der reibungslose Ablauf und die Liebe zum Detail [Bände] sprachen". Außerdem wurden alle Mitwirkenden sowie die Leitung „zu dem ambitionierten Projekt" beglückwünscht.[22] Da die beiden Aufführungen im Dezember so erfolgreich verliefen, wurde *Die Zauberflöte* am 01. und 02.03.2013 noch einmal im Audimax der Universität Bielefeld wiederholt. Das Ergebnis kann sich sehen lassen: Insgesamt sahen über 3.000 Zuschauer die *Zauberflöte* im Audimax, dies entspricht fast einem Prozent der Einwohnerzahl Bielefelds.

Das folgende Opernprojekt, Giuseppe Verdis *La Traviata*, welches im April 2017 zur Aufführung kam, konnte eine ähnlich beeindruckende Bilanz aufweisen. Der enorme Arbeitsaufwand, welchen ein so großes Projekt verlangt, wurde erneut mit zahlreichen positiven Kritiken belohnt. Auch war La Traviata ein hervorragendes Beispiel für ein interdisziplinäres Third-Mission-Projekt. Als der Third-Mission zugehörig werden Projekte und Initiativen an Universitäten bezeichnet, die sich über den Campus hinaus gesellschaftlich und sozial engagieren und in die Stadtgesellschaft wirken. Seiner Intention nach verstand sich das Universitätsorchester in seiner Ausrichtung von Beginn an als eine solche Initiative, ohne diesen Begriff bis dato je gekannt zu haben.[23]

---

[22] Uta Jostwerner: „Zauberflöte mit Liebe zum Detail. Ambitioniertes Opern-Projekt an der Uni", in: *Westfalen-Blatt*, 04.12.2012.
[23] Ingo Kalischek: „Oper im Audimax", in: *Neue Westfälische*, 10.04.2017; mehr zu Third-Mission-Projekten ist im Beitrag von Birgit Apfelbaum zu lesen.

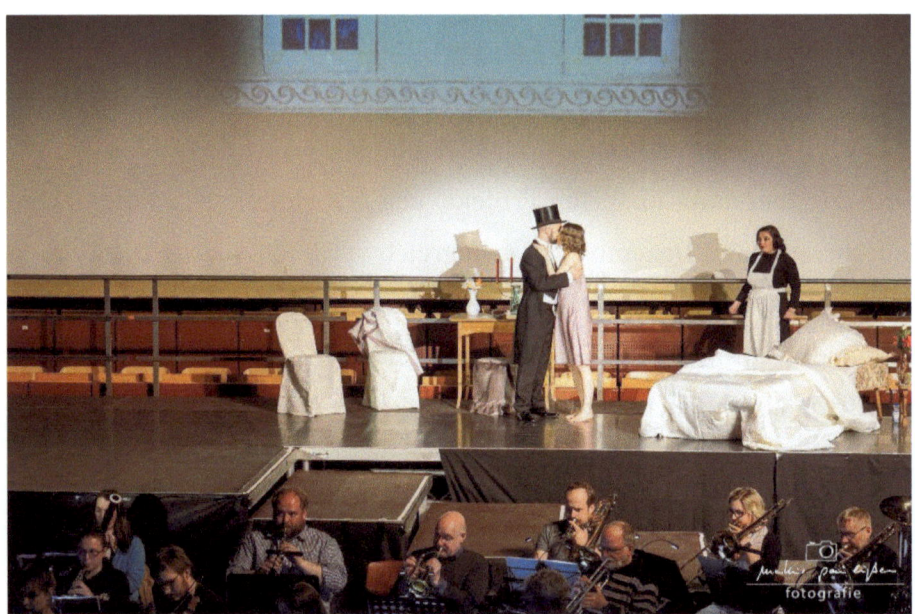

Foto: Markus Paulußen

Audio-visuell wurde auch einiges von der Arbeit am Opernprojekt festgehalten, beispielsweise berichtete die *WDR Lokalzeit* vom Castingprozess für die Solopartien und ließ in einer Art Selbstexperiment einen ihrer Journalisten, welcher die zweistündige Vorbereitungszeit zum Einstudieren einiger Grundtechniken des Gesangs nutze, für die Rolle des Doktors vorsingen – leider erfolglos.[24]

Dafür war jedoch die finale Besetzung der Rollen ebenso beeindruckend wie bei der *Zauberflöte* zuvor, auch hier gab es zahlreiche Bewerbungen von namhaften Sänger:innen, darunter der Bariton Hongyu Chen, welcher die Partie des *Giorgio Germont* übernahm und bereits zahlreiche Wettbewerbe gewonnen hat.

---

[24] WDR: *WDR Lokalzeit* vom 18.04.2017, 21.05-28.05 min.

Das Ergebnis des Opernprojekts wurde auf einer für den internen Gebrauch bestimmten DVD festgehalten, welche eigens für das Projekt produziert wurde und die finale Vorstellung dokumentiert. Darüber hinaus wurde eine CD mit Fotos von Markus Paulußen produziert, welche sämtliches Bildmaterial des Opernprojekts dokumentarisch festhält.[25]

Doch auch weitere audio-visuelle Produktionen zeugen von dem musikalischen Engagement der Orchestermitglieder und ihrer Leitung. Mehrere Sinfonie- und Liederabende, Kammerkonzerte und auch Solowerke wurden auf CD bzw. DVD aufgenommen. Denn neben den großen Semesterabschlusskonzerten, in welchen das Universitätsorchester in seiner Gesamtheit auftrat und -tritt, sind auch immer wieder kleinere Besetzungen zu zahlreichen Gelegenheiten zu hören. Einen ausführlichen Einblick in die kammermusikalischen Tätigkeiten und Konzerte der Musiker:innen kann im Kapitel *Das Ganze in Teilen* gewonnen werden.

Nun besteht das Orchester bereits seit 50 Jahren und die Lust auf das gemeinsame Musizieren hat kein bisschen nachgelassen. Vielmehr haben alle Beteiligten wieder und wieder bewiesen, wie viel man auf die Beine stellen kann, wenn Menschen unterschiedlicher Expertise, unterschiedlichen Könnens oder Alters zusammenkommen und von gegenseitiger Erfahrung profitieren. Das Ergebnis: eine Bereicherung nicht nur für die Mitwirkenden, sondern auch für alle Zuhörenden, die in den Genuss vieler Konzertbesuche kamen und kommen. Denn der Anspruch des UOB, nicht nur mit Profis musizieren zu wollen, sondern besonders Laien an die Orchesterarbeit heranzuführen, vereint Instrumentalist:innen und Sänger:innen gleichermaßen und schafft eine musikalische Brücke

---

[25] Mehr über die Opernprojekte ist im Beitrag von Michael Hoyer zu lesen.

zwischen der Universität und den Bürger:innen, welche auch über den Raum Bielefeld hinausreicht.

Das Jubiläumskonzert, welches die 50. Verjährung der ersten Probe des *Jungen Kammerorchesters Bielefeld* am 11.12.2024 feiert, führt diese Tradition fort und lässt die Rudolf-Oetker-Halle am 02.03.2025 mit einem eindrucksvollen Programm erklingen.

An dieser Stelle bleibt nur noch, dem Universitätsorchester Bielefeld zu allem bisher geleisteten Engagement herzlich zu gratulieren und alles Gute für die kommenden Jahre zu wünschen!

Quellen

1998 WS 97_98 Programmheft Konzert 09.02.1998 [Word-Dokument], aus dem Archiv des Universitätsorchesters Bielefeld.

1999 WS 98_99 Programmheft Jubiläumskonzert 09.02.1999_25 Jahre, digitalisiertes Dokument aus dem Archiv des Hochschulorchesters Bielefeld.

Dirigenten und Konzertmeister:innen sowie *Konzerte* im Anhang, aus dem Archiv des Universitätsorchesters Bielefeld.

Bielefelder Tageblatt: „Begeisterung für das Hochschulorchester. Konzert im Rahmen der Universitätstage", in: *Neue Westfälische*, Nr. 31, 06.02.1978.

Bielefelder Tageblatt: „Hochschulorchester gibt ein Konzert", in: *Neue Westfälische*, 27.06.1997.

Bielefelder Tageblatt: „Konzert des Hochschulorchesters", in: *Neue Westfälische*, Nr. 86, 14.04.1977.

Bielefelder Tageblatt: „Solisten-Preisträger von ‚Jugend musiziert'. Sinfoniekonzert des Hochschulorchesters", in: *Neue Westfälische*, 06.02.1980.

Britsch, Eckhard: „Hochschulorchester: Zum Semesterschluß Tschaikowski und Schubert", in: *Neue Westfälische*, 12.02.1997.

Campbell, Stuart und Dorothea Redepenning: Art. „Glazunov, Aleksandr Konstantinovič", in: *MGG Online*, hrsg. von Laurenz Lütteken, New York, Kassel, Stuttgart 2016ff., zuerst veröffentlicht 2002, online veröffentlicht 2016, https://www.mgg-online.com/mgg/stable/532340, abgerufen am 08.02.2025.

Castegren, Nils, SL und Clauserling Lomnäs: Art. „Berwald, Franz (Adolf), Biographie", in: *MGG Online*, hrsg. von Laurenz Lütteken, New York, Kassel, Stuttgart 2016ff., zuerst veröffentlicht 1999, online veröffentlicht 2016, https://www.mgg-online.com/mgg/stable/532337, abgerufen am 08.02.2025.

Danuser, Hermann: Art. „Mahler, Gustav", in: *MGG Online*, hrsg. von Laurenz Lütteken, New York, Kassel, Stuttgart 2016ff., zuerst veröffentlicht 2004, online veröffentlicht 2016, https://www.mgg-online.com/mgg/stable/53239, abgerufen am 09.02.2025.

Felix Schumacher: Brief an das Rektorat der Universität Bielefeld vom 12.12.1974, aus dem Universitätsarchiv Bielefeld.

Flurfunk: „Mozarts Zauberflöte an der Uni Bielefeld. Hochschulorchester probt für große Inszenierung im Audimax", in: *flurfunk*, Interner Newsletter der FH Bielefeld, Oktober 2012.

Gans, Matthias: „Abgedroschenen Konzertreißer lyrisch beseelt. Jan-Christoph Homann beeindruckt beim Konzert des Hochschulorchesters Bielefeld", in: *Neue Westfälische*, 04.02.2009.

Jostwerner, Uta und Mike-Dennis Müller: „Großprojekt mit 180 Mitwirkenden. Hochschulorchester steckt in den Proben zur ‚Zauberflöte'", in: *Westfalen-Blatt*, 27.09.2012.

Jostwerner, Uta: „Zauberflöte mit Liebe zum Detail. Ambitioniertes Opern-Projekt an der Uni", in: *Westfalen-Blatt*, 04.12.2012.

Kalischek, Ingo: „Oper im Audimax", in: *Neue Westfälische*, 10.04.2017.

Schmidt, Jürgen: „Uni-Konzert: Unbekannter Schumann. Großer Abend für die Bläser", in: *Westfalen-Blatt*, 1994.

Symphoniker Hamburg e. V.: *Violinkonzert a-Moll op. 82*, https://www.symphonikerhamburg.de/werke-archiv/alexander-glasunow-violinkonzert-a-Moll, abgerufen am 08.02.2025.

Universität Bielefeld: *Solist*innen, Tobias Sturm*, https://www.uni-bielefeld.de/uni/kultur-veranstaltungen/musik/universitaetsorchester/wer-wir-sind/solisten/, abgerufen am 08.02.2025.

WDR: *WDR Lokalzeit* vom 18.04.2017, 21:05-28:05 min.

Das Ganze in Teilen

Lara Venghaus

Kammermusik hatte von Beginn an einen hohen Stellenwert im Universitätsorchester Bielefeld, welches ja unter dem Namen „Junges *Kammer*orchester Bielefeld" gegründet wurde.

Hochschulkonzert

Mitglieder des Jungen Kammerorchesters Bielefeld spielen

KAMMERMUSIK

W. A. Mozart: Mailänder Quartette für 2 Violinen, Viola und Violoncello Nr. 2 B-Dur, KV-Anhang IV, Nr. 210

R. H. Walthew: Triolett in Es für Oboe, Klarinette und Fagott

L. v. Beethoven: Septett Es-Dur, op. 20, für Klarinette, Fagott, Horn, Violine, Viola, Violoncello und Kontrabaß

1. KONZERT	2. KONZERT	3. KONZERT
Hörsaal H 125, AZ der Universität Bielefeld, Altes Uni-Gebäude Kurt-Schumacher-Straße 6 Mittwoch, 6. Oktober 1976, 20.00 h. s. t.	Audimax der FHS-Lippe, Lemgo, Liebigstraße 87 Donnerstag, 7. Oktober 1976, 20.00 h. s. t.	Aula des Städt. Gymnasiums Gütersloh, Schulstraße 18 Samstag, 9. Oktober 1976, 19.30 h. s. t.

Karten zu DM 3.—, Schüler und Studenten gegen Ausweis DM 1.50, sind an den Abendkassen eine Stunde vor Konzertbeginn erhältlich

WESTFÄLISCH-LIPPISCHE UNIVERSITÄTSGESELLSCHAFT BIELEFELD

Plakat für die Kammerkonzerte des Hochschulorchesters im Oktober 1976 aus dem Archiv der Universität Bielefeld.

Dem Archiv der Regionalzeitung „Neue Westfälische" lässt sich entnehmen, dass im Wintersemester 1976/77 neben dem Sinfoniekonzert zum Semesterschluss im Januar für den Semesterbeginn im Oktober ein Kammerkonzert geplant war, und im November 1978 findet sich an selber Stelle eine Ankündigung zur ersten Kammermusik-Matinee in den neuen Räumlichkeiten der Stadtbibliothek. Das Hauptwerk beider Konzerte bildete das Septett in Es-Dur op. 20 für Violine, Viola, Cello, Kontrabass, Klarinette, Horn und Fagott von Ludwig van Beethoven, wie einerseits der Zeitungsausgabe, andererseits einem erhaltenen Plakat entnommen werden kann. Zeugnisse aus den frühen Jahren des Orchesters liegen eher spärlich vor, was sich jedoch belegen lässt, ist beispielsweise die feste Formation des Bläser-Consortiums, welches sich Ende der achtziger Jahre aus dem Bläserregister des damaligen Hochschulorchesters Bielefeld entwickelte und von 1990 bis 1997 als selbständiges Ensemble in Erscheinung trat. Unter Leitung von Michael Hoyer bereicherte es einerseits die Sinfoniekonzerte des Orchesters, gestaltete andererseits aber auch eigene Konzerte, wie etwa einem erhaltenen Programmblatt zu entnehmen ist, welches anlässlich eines Konzertes am 11. Juni 1992 erstellt wurde. Häufig traten auch kleinere Formationen zusammen, um Kammermusik zu akademischen Anlässen wie beispielsweise Konferenzen, Festvorträgen oder Fakultätsfeiern beizusteuern. Das Zusammenspiel in der kleinen Gruppe, in welcher jede Stimme solistisch besetzt ist, war für den Gesamtklang des Orchestertutti durchaus bereichernd und wurde deswegen vom Orchesterleiter stets gefördert.

In den dank der fortgeschrittenen Digitalisierung gut dokumentierten 2010er Jahren trat eine Verstetigung der kammermusikalischen Praxis ein. Befördert durch eine Vielzahl potentieller Solisten, die mit dem Orchester arbeiten wollten, sowie eine gewisse finanzielle Bedürftigkeit nach dem ersten großen Opernprojekt, wurde eine kleine Reihe mit vier Kammerkonzerten initiiert. Neben einem Programm, welches verschiedene kleine Ensembles aus Mitgliedern des Orchesters aufreihte, fanden sich in dieser auch ein Liederabend der Sopranistin Lara Venghaus, begleitet vom Orchesterleiter Michael Hoyer am Klavier, ein Klavierabend des Pianisten Jan-Christoph Homann sowie ein Konzert, dessen Programm ausschließlich aus kammermusikalischen Kompositionen des Orchesterleiters bestand, dargeboten von Orchesterangehörigen. Alle Konzerte fanden bei freiem Eintritt statt, und die Ausführenden erhielten kein Honorar, sodass sämtliche Spenden am Ausgang dem Förderverein des Orchesters zugeleitet werden konnten, um künftige Projekte zu finanzieren. Da diese Konzertreihe nicht nur den Orchestermitgliedern viel Freude bereitete, sondern auch vom Publikum mit großem Interesse aufgenommen wurde, hob Lara Venghaus ab dem Jahr 2013 eine regelmäßige Kammerkonzertreihe aus der Taufe, durch welche zusammen mit den Sinfoniekonzerten während der Vorlesungszeit in jedem Monat ein Konzert im Audimax angeboten werden konnte. Die Konzeption der ersten Stunde wiederholte sich darin jährlich, neben dem Kammerkonzert der Orchestermitglieder war auch ein Klavierabend Jan-Christoph Homanns sowie ein Liederabend von Lara Venghaus und Michael Hoyer fester Bestandteil des Programms. Da infolge der Opernprojekte sowie der Aufführung der neunten Sinfonie Ludwig van Beethovens anlässlich des 40jährigen Bestehens des Orchesters auch ein kleines Vokalensemble entstanden war, kamen zudem Werke mit chorischer Beteiligung zur Aufführung wie etwa das Weihnachtsoratorium von Johann Sebastian Bach im Dezember 2013 oder das Oratorio de Noël von Camille Saint-Saëns im Folgejahr.

Als im Sommersemester 2020 das Audimax aufgrund der anstehenden Umbauarbeiten nicht mehr zur Verfügung stand und die Coronapandemie einen regulären Konzertbetrieb unmöglich machte, verlegte sich die Kammerkonzertreihe auf die Plattform des Kanal21 und fand im Livestream aus dem Studio des Fernsehsenders statt. Sechs Konzerte konnten auf diese Weise angeboten werden, und zum ersten Mal war es möglich geworden, dank zahlreicher Unterstützer die ausführenden Solisten auch mit einem Honorar zu bedenken, was dem Orchester in dieser für freischaffende Musiker wirklich schwierigen Zeit ein Bedürfnis war. So oft hatten diese als Solisten dem Orchester viel Zeit und Expertise gewidmet, nun war das Ensemble an der Reihe, ihnen auf diese Weise zu danken. Mit diesen Livestreamkonzerten fanden die kammermusikalischen Aktivitäten des Universitätsorchesters vorerst ein Ende. Mögen sie in naher Zukunft wieder aufleben.

1992; Foto: Norma Langohr; aus dem Universitätsarchiv Bielefeld.

Hybris oder Heroismus?

Michael Hoyer

Wie kommt ein Universitätsorchester auf die Idee, sich an der Aufführung einer Oper zu versuchen? Nun, wenn es sich um eines der bestsituierten, alteingesessenen handelte, das von Studenten frequentiert wird, die auch schon einmal mit dem Gedanken liebäugelten, Musik zu studieren; wenn es an einer der Universitäten mit reicher Tradition und riesigem Potential angesiedelt wäre, Heidelberg etwa oder München oder Bonn; und wenn die Universität in ehrwürdigen Gebäuden untergebracht wäre, mit prächtigen Sälen aus klassizistischer oder gar barocker Zeit, die sich zu einem weitergehenden Gebrauch als dem juristischer oder betriebswirtschaftlicher Vorlesungen aufdrängen. Aber die Universität Bielefeld ist, obzwar zahlreich an Studierenden, alles andere als kulturlastig aufgestellt, sie residiert in einem Zweckbau aus der Mitte des zwanzigsten Jahrhunderts, ihr Auditorium maximum ist mit Klappsitzen und einem Gummifußboden ausgerüstet, und viele Mitglieder des Orchesters müssen nach ihrem Beitritt jeweils erst geduldig an die Orchesterarbeit herangeführt werden. Hier scheint alles näher zu liegen als ein Opernprojekt.

Die Faktoren, die dazu geführt haben, ein solches Vorhaben dennoch zu entwickeln und ins Werk zu setzen, liegen entsprechend auch in einer völlig anderen Sphäre. Einer davon ist der Orchesterleiter, der schon in frühesten Kinderjahren mit klassischer Vokalmusik von der Schallplatte aufwuchs und sich nicht daran ersättigen konnte. Von Bachs Oratorien, Schuberts Liedern, Mozarts Opern kannte er weite Teile auswendig, noch

136

bevor er zehn Jahre alt war, und versuchte, vieles davon nachzusingen oder stumm nachzuhören. Daß diese Disposition dann auch zur Ausbildung an Geige, Klavier und Orgel und zur Mitgliedschaft in der städtischen Kantorei führte, muß hier nicht nachgezeichnet werden. Die nächste wichtige Etappe bestand vielmehr in der Aufnahme eines Studiums der Orchesterleitung an der Musikhochschule Würzburg, dessen praktische Schwerpunkte in der Vermittlung einer soliden Schlagtechnik und viel Korrepetition lagen, also der Ausführung von Opernklavierauszügen auf dem Klavier, bei der dem Pianisten zugleich die Andeutung der Gesangspartien obliegt. Wenn dann der Lehrer auch noch Schüler und Assistent von Hermann Abendroth und Richard Strauss ist, versteht es sich von selbst, welchen Kurs die Ausbildung einschlug.

Welche Neigungen jedoch ein Orchesterleiter auch mitbringt, er muß auch die Bedingungen antreffen, die es ihm ermöglichen, diesen stattzugeben. Diese bahnten sich erst nach und nach an. 1996 trat eine junge, ambitionierte Cellistin dem Orchester bei, zu welcher der Orchesterleiter alsbald eine engere Beziehung entwickelte. Diese erteilte der Jurastudentin den Anstoß, an die Hochschule in Detmold zu wechseln, wo sie, wiederum nach geraumer Zeit, das Cello mit dem Gesang vertauschte. Durch verschiedene Einsätze als Klavierbegleiter geriet nun der Orchesterleiter nach und nach in engeren Kontakt zu der Gesangsklasse von Prof. Eckels und nahm auch verschiedentlich an Workshops teil, die dieser gemeinsam mit seiner Frau, einer Pianistin, veranstaltete. Auf diese Weise entstanden Kontakte zu verschiedenen Sängerinnen und Sängern, welche eine Kooperation in orchesterbasierter Vokalmusik überhaupt erst denkbar erscheinen ließen. Tatsächlich übte der Orchesterleiter in dieser Phase zugleich das Amt eines Chorleiters einer Stadtrandgemeinde von

Herford aus und konnte auf dieser Basis eine Kooperation zwischen diesem Chor, einer aus Mitgliedern des Universitätsorchesters und externen Teilnehmern gebildeten kleinen Orchesterformation und Gesangsstudenten aus Detmold erzielen, welche zunächst vor allem Kantaten von Johann Sebastian Bach, dann aber auch komplexere oratorische Werke zur Aufführung brachte. Damit waren Beziehungen geknüpft und Erfahrungen gesammelt, die sich für die späteren Opernprojekte als überaus nützlich erweisen sollten.

Werke für Solostimmen und Orchester waren indes auch bereits mit der sinfonischen Besetzung des Universitätsorchesters aufgeführt worden, etwa die *Nuits d'Été* von Hector Berlioz sowie die *Lieder eines fahrenden Gesellen,* die *Wunderhorn-Lieder* und die *Kindertotenlieder* von Gustav Mahler sowie dessen *Lied von der Erde.* Aber freilich ist die Aufgabe, die ein solcher Kompositionstypus an das Orchester stellt, sehr verschieden von der eines musikalischen Bühnenwerks, nicht allein weil dort keine szenische Dimension zu berücksichtigen ist, sondern vor allem weil das Zusammenwirken mit dem Gesang weitaus integrativer angelegt ist, als es in der Oper der Fall ist.

Wiederum waren es persönliche Konstellationen, welche die Entwicklung hin zu einem (noch gar nicht in Sichtweite liegenden) Opernprojekt weiter vorantrieb. Diesmal war es eine junge Oboistin, Lara Venghaus, die sich entschloß, die sängerische Laufbahn aufzunehmen, und da sie mit einer überaus kraftvollen Sopranstimme ausgestattet war, lag die Bearbeitung von Opernliteratur natürlich deutlich näher als es bei dem von den Opernkomponisten eher stiefmütterlich bedachten Fach einer Altistin gegeben war. Wenig später stieß Magdalena Mànkowska, eine polnische Flötistin zum Orchester, die in Warschau Flöte, aber auch ein paar

Semester Gesang studiert hatte und nun als Aupairmädchen in Bielefeld arbeitete. Daraus resultierte im Sommersemester 2008 die erste wirklich Annäherung an die Opernliteratur mit einem Programm, das Ausschnitte aus Bizets *Carmen* mit Mendelssohns *Schottischer Sinfonie* verband.

Überdies ergab sich im Zuge einer Aufführung von Haydns *Schöpfung* durch den bereits erwähnten Chor einer Herforder Kirchengemeinde eine Zusammenarbeit mit Johann Penner, einem Tenor, der über eine starke, runde Stimme verfügte, während seiner Ausbildung jedoch nie den passenden Zugang zu ihr gefunden hatte. Mit ihm und den beiden Sopranistinnen arbeitete der Orchesterleiter nun über einen längeren Zeitraum sowohl stimmbildnerisch als auch korrepetitorisch, wodurch er einen genauen Einblick in die Potentiale und die zu entwickelnden Fähigkeiten seiner Schützlinge erlangte. So schürzten sich nach und nach die Bedingungen, welche die Inangriffnahme einer wirklichen Opernaufführung praktikabel erscheinen ließen, zumal da in der korrepetitorischen Praxis die verschiedenen Elemente der Partien ja langfristig vorbereitet werden konnten. Bei der Umschau nach einem geeigneten Werk fiel die Wahl auf Webers *Freischütz*, der den gegebenen Möglichkeiten in verschiedener Weise entgegenkam: Zunächst weil dessen Hauptrollen, die mit einem lyrisch-dramatischen Sopran, einem leichten Sopran (Soubrette) und einem Zwischenfachtenor das vorhandene Angebot ziemlich genau abbildete und lediglich eine Ergänzung durch einen Bariton verlangte, der nicht so schwierig zu beschaffen schien; sodann aber auch, weil es sich um eine Nummernoper mir Sprechdialogen handelte, die dem Orchester nur die Begleitung der geschlossenen Arien- und Ensemblesätze, nicht aber auch noch die der Rezitative auferlegte, was eine weitaus größere Herausforderung darstellt. Schließlich ist auch die Chorpartie im

Freischütz überschaubar und gab Anlaß zu der Erwartung, mit einem ad hoc zusammengestellten Ensemble bewältigt werden zu können. Tatsächlich gelang es, für die übrigen Partien Gesangsstudenten der Hochschule Detmold zu gewinnen, wobei die Rolle des Kaspar der mittlerweile bestens arrivierte Sebastian Pilgrim ausfüllte. Um die Aufgabe nicht übermäßig aufzublähen, wurde auf den Aufbau einer regelrechten Bühne verzichtet und stattdessen einer halbszenischen Aufführung der Vorzug gegeben, in der die Sänger zwar Kostüme trugen und szenisch agierten, jedoch nicht auch noch für Bühnenbild und szenische Bauten Sorge getragen werden mußte. Für die Regie konnte, wiederum aufgrund persönlicher Kontakte, Ulrich Holle gewonnen werden, der damals die Opernschule der Musikhochschule Detmold betreute.

Geboten war jene Beschränkung nicht allein aus Gründen des Arbeitsumfangs, sondern ebenso durch den extrem eng zugeschnittenen Etat, mit dem das Universitätsorchester auskommen mußte und auch heute noch muß. Über die unmittelbar an Proben und Aufführung Beteiligten hinaus, stand der Projektleitung keine weitere Arbeitskraft zur Verfügung, die Anwerbung der Chorsänger, die Beschaffung der Kostüme und Requisiten, die musikalische Arbeit von der Einstudierung der Partien bis zur Stimmbildung für die Choristen, Probenorganisation, Öffentlichkeitsarbeit und was sonst alles mit einer solchen Veranstaltung zusammenhängt, mußte folglich von dem sehr kleinen innersten Kreis der Initiatoren selbst geleistet werden. Zugleich bestand keinerlei Möglichkeit, den Mitwirkenden irgendwelche Honorare oder Aufwandsentschädigungen zu bezahlen. Das ganze Vorhaben wurde also ausschließlich durch das persönliche Engagement der Ausführenden getragen, die ein enormes Maß an Arbeitskraft und Begeisterung dahinein investierten, sich aber auch mit einem Ergebnis belohnten, das ganz allein ihnen selbst sich verdankte.

Daß der Erfolg des *Freischütz* bei den Verantwortlichen das Verlangen nach ähnlichen und dabei noch abgerundeteren Projekten erwecken würde, war abzusehen. Namentlich Lara Venghaus, die bereits im *Freischütz* an den konzeptionellen, organisatorischen und ökonomischen Aufgaben federführend beteiligt war und die in den Folgejahren durch zahlreiche Lieder- und Arienabende, aber auch als Oratoriensängerin immer mehr an künstlerischem Profil gewann, trieb im Gespann mit dem Orchesterleiter Pläne für ein nächstes Vorhaben voran. Bei der Werkauswahl waren mehr oder weniger dieselben Aspekte zu berücksichtigen, die schon für die Arbeit am *Freischütz* bestimmend waren: die Aufgabe für das Orchester mußte von Amateuren zu bewältigen und zugleich attraktiv genug sein, um die Orchestermitglieder dafür einzunehmen; für die Besetzung der Protagonisten mußten sich Sänger und Sängerinnen finden lassen, die zumindest zum Teil dem persönlichen Bekanntenkreis angehörten; und das Budget durfte, auch wenn zusätzliche Mittel würden eingeworben werden können, nicht über Gebühr strapaziert werden. Am Ende solcher Überlegungen stand die Entscheidung für Mozarts *Zauberflöte*, die indes für die an der Spitze der Initiative stehende Sopranistin den Nachteil mit sich brachte, daß keine der beiden in Betracht kommenden Partien so recht ihrem Stimmfach entsprach: die der *Königin der Nacht* enthält zwar auch dramatische Momente, ist aber vorwiegend auf Koloraturgesang ausgerichtet, während die der *Pamina* eine rein lyrische Ausformung aufweist. Die *Leonore* aus Beethovens *Fidelio* oder die *Donna Anna* aus Mozarts *Don Giovanni* wären der damaligen Stimmverfassung von Lara Venghaus sicher zuträglicher gewesen, aber den Anforderungen eines *Florestan* wäre Johann Penner damals noch nicht gewachsen gewesen, und einen so umfangreichen und differenzierten Orchesterpart, wie ihn der *Don Giovanni* darstellt, hätte das Orchester niemals bewältigen können. Den Notwendigkeiten praktischer Ausführbarkeit mußten sich also auch die Initiatoren des Vorhabens beugen, und die Stimmigkeit des Resultats, seine künstlerische Balance und Stringenz sowie sein großer Erfolg beim Publikum bestätigten überzeugend die Weisheit dieser Entscheidung.

Gleichwohl wurde das Projekt dieses Mal von vorneherein größer dimensioniert und auf professionellere Weise in Angriff genommen. In einem ersten Schritt warb Lara Venghaus finanzielle Mittel ein, um eine Basis zu schaffen, auf der die Planungen unter ihrem Kostenaspekt entwickelt werden konnten. Natürlich mußten auch weiterhin äußerste Sparsamkeit und das Prinzip der Selbstausbeutung walten, weil ohne diese die Verwirklichung eines solch gewaltigen Vorhabens vorab gänzlich unrealistisch gewesen wäre; aber wenigstens sollte die Ausstattung der Bühne oder die Beschaffung von Kostümen nicht an fehlenden Geldmitteln scheitern. Unter diesen etwas komfortableren Bedingungen war es möglich, für die Solopartien nicht ausschließlich Freunde und Bekannte in Betracht zu ziehen, sondern auch externe Kräfte anzusprechen. Tatsächlich bewarb sich auf einen entsprechenden Aufruf im Netz eine ansehnliche Zahl von Interessenten, unter denen sich nicht nur Studierende, sondern auch Angehörige verschiedener Opernhäuser befanden. Während die Gruppe der männlichen Bewerber erwartungsgemäß überschaubar blieb, waren es unter den Frauen so mehr als einhundert, so daß nicht das Probesingen sich zu einer über Wochen sich hinziehenden Prozedur auswuchs. Am Ende entstand daraus ein erstaunlich leistungsfähiges und zugleich überaus harmonisches Ensemble, das sich zu ungefähr gleichen Teilen aus Erfahrenen und Unerfahrenen zusammensetzte und daher sowohl Begeisterung als auch Solidität in das Vorhaben einzutragen vermochte. Daniel Wynarski als *Sarastro* und Dirk Mestmacher als *Monostatos* repräsentierten dabei die Seite der Bühnenroutiniers, die manche Klippe zu umschiffen half, Margarita Vilsone, Maria Schlestein und Anna Werle in der Rolle der *drei Damen* jene der erfahrungsbegierigen Newcomer. Daß auch sängerische Amateure einen überaus fruchtbaren Beitrag zu einer solchen Produktion beizusteuern imstande sind, bewiesen zum einen drei talentierte und wohltrainierte Schülerinnen, welche die *drei Knaben* verkörperten, zum anderen Volker Perret, ein Anästhesiearzt aus Detmold, der der Figur des *Papageno* mit Stimme und Gebärde jene traurige Komik zu verleihen verstand, die für einen wirklichen Spaßvogel unerläßlich ist. Mit einer unerwarteten Herausforderung wurde die Projektleitung bei der Besetzung der Rolle der *Pamina* konfrontiert: Für diese war zunächst die schon als *Ännchen* erprobte Magdalena Mánkowska vorgesehen. Jedoch hatte die sich inzwischen vermählt und mußte, nachdem schon eine lange Reihe von Proben mit ihr absolviert worden war, wenige Wochen vor der Premiere aufgrund einer eingetretenen Schwangerschaft absagen. Die nächstliegende Lösung, an einer der Hochschulen Ersatz für sie zu suchen, schied aus, weil es schwierig geworden wäre, eine Einspringerin für diese fast in jede Szene eingebundene Protagonistin einzuarbeiten. Als übernahm Lara Venghaus, die aus der Regiearbeit die komplette Übersicht über die Handlung mitbrachte, selbst den Part, der sie erneut an die Seite von Johann Penner als *Tamino* führte, während die Rolle der *Königin der Nacht*, die nur wenige, wenngleich exponierte Auftritte zu bestehen hat, an

Myriam Anna Dewald überging.. Als unschätzbarer Gewinn erwies sich schließlich die aus dem Kontakt zur Detmolder Gesangsklasse resultierende Mitwirkung der Kostümbildnerin Erika Ihle, deren phantasievolle und im doppelten Sinne märchenhafte Kreationen den Aufführungen eine eigene Faszination verliehen. Daß die Arbeit mit einem solchen Team beglückend und aufgrund der enormen Kooperationsbereitschaft aller Beteiligten in gewisser Weise auch leicht war, änderte indes nichts an dem gewaltigen Umfang der Aufgabe, deren Bewältigung nahezu ausschließlich auf den Schultern des Orchesterleiters und denen von Lara Venghaus lag. Dieser oblag zusätzlich zu all dem, was gewöhnlich die Zuständigkeit einer Intendanz ausmacht, die Entwicklung und Durchführung eines Regiekonzepts, was sich mit der sängerischen Aufgaben der Rolle der Pamina zu einer Dreifachfunktion verschränkte, jener verantwortete die gesamte musikalische Probenarbeit, welche sowohl die Einstudierung von Chor und Orchester, als auch die der solistischen und Ensemblepartien umfaßte. Wie es überhaupt gelingen konnte, all dies nicht nur irgendwie zu bewältigen, sondern zu einem großartigen und denkwürdigen Ergebnis zu führen, erscheint, im Nachhinein betrachtet, ziemlich unerklärlich.

Als im Wintersemester 2016 die Probenarbeit am dritten Opernprojekt des Universitätsorchesters aufgenommen wurde, lag die große Flüchtlingswelle des Jahres 2015 noch nicht lange zurück. Ihre Ausläufer hatten auch das Orchester erreicht, denn im Februar 2016 hatte der syrische Geigenlehrer Medo AlTenawi dort Aufnahme gefunden, der mit nichts als seinem Instrument und den Kleidern, die er am Leib trug, dem Bürgerkrieg entkommen war. Sein Hinzukommen bildete gewissermaßen den Anknüpfungspunkt, der dann später den Einbezug weiterer Migranten in die neue Produktion herbeiführte. Diese war diesmal auf ein Werk ausgerichtet, das eine deutlich schmälere Solistenbesetzung verlangte als die *Zauberflöte*, andererseits aber unter dem Gesichtspunkt seiner musikdramatischen Konzeption weitaus anspruchsvoller disponiert war als die Nummernopern der Vergangenheit. *La Traviata* war die Oper, die nun auf dem Programm stand, damit also zum ersten Mal ein Werk in italienischer Sprache und eines, das nicht mehr aus säuberlich voneinander geschiedenen, gleichsam wie Sinfoniesätze angelegten Einzelkompositionen aufgebaut, sondern als zusammenhängendes szenisch-musikalisches Geschehen organisiert war, dessen Elemente, wenngleich im Schriftbild noch als Einzelstücke markiert, faktisch in einem ununterbrochenen Kontinuum ineinander übergingen. Diese Neuerung war für die Ausführenden mit bedeutenden Umstellungen verbunden, deren vielleicht banalste in dem Sachverhalt bestand, daß es in der Probe nun nicht mehr heißen konnte: wir arbeiten jetzt die Arie Nummer vier oder das Duett Nummer einundzwanzig, weil die scheinbar abgeschlossenen Sätze selbst bereits aus sehr unterschiedlichen Teilen zusammengesetzte Komplexe darstellten. Subtiler, aber weitaus einschneidender machte sich bemerkbar, daß die Musiker es nun nicht länger mit primär musikalisch konzipierter Komposition zu tun hatten, sondern mit einer Literatur, deren musikalische Form sich viel stärker am Sprechakt und an der Dramenhandlung orientierte. Gewiß ist Verdi nicht Wagner und auch nicht Puccini, bei ihm gibt es noch immer deutlich erkennbare Momente einer autonomen musikalischen Struktur; gleichwohl befindet sich diese fast überall auf dem Rückzug, um einer kompositorischen Anlage Platz zu machen, die durch einen permanenten Wechsel zwischen Accompagnato, Arioso und Arie den Erfordernissen eines tendenziell realistischen

Bühnengeschehens Rechnung trägt. Schon den Solisten verlangt dies eine andere Herangehensweise ab, als sie selbst in den späten Opern Mozarts geboten ist, wo handlungsbestimmte Secco-Abschnitte, reflexionsbestimmte Accompagnati und expressionsgeladene Arien fast überall strikt voneinander abgegrenzt sind. Verdi hingegen gibt ihnen auf, statt einem schnittförmigen Wechsel zwischen sprachgezeugtem und melosgezeugtem Gesang eine sich kontinuierlich zwischen beidem und zudem zwischen eher rhetorischen und eher expressiven Passagen zutragende Modulation zu bewältigen. Immerhin aber sind sie die Träger des Geschehens, während das Orchester, ohne seinem Notentext einen Anhalt über den gerade geltenden Gestaltungsmodus entnehmen zu können, ihnen in ihrem Agieren folgen, bald aber auch diesem einen Rahmen setzen oder Halt und Unterstützung geben muß. Hinzu kommt, daß Verdis Orchestersatz, anders als gemeinhin angenommen, weitaus aufgelöster und transparenter ist als etwa jener Mozarts und die Gesangsstimme nur während weniger Noten verdoppelt, bald aber sie kontrapunktiert, eine ganze Weile nur mit Begleitfiguren flankiert, um dann plötzlich eigene motivische Akzente zu setzen. Dies einem Amateurorchester zu vermitteln, erwies sich als eine nicht einfache Aufgabe, da deren Bewältigung eben nicht nur die Beherrschung des Notentextes, sondern den Mitvollzug der dramatischen Aktion voraussetzt, zu welchem der Notentext keinerlei Hinweise enthält. Eine solche Erfahrung in den nächsten Opernbesuch oder die nächste Fernsehübertragung mitzunehmen, dürfte allerdings die Wahrnehmungs- und Urteilsfähigkeit erheblich gesteigert haben.

Indem die solistischen Gesangsaufgaben in dieser Oper sich fast vollständig auf drei Protagonisten verteilen, gestaltete sich andererseits die korrepetitorische Arbeit deutlich einfacher. Mit Lara Venghaus und Johann

Penner konnte die Einstudierung in langfristiger Kontinuität stattfinden, der für die Rolle des *Giorgio Germont* angeworbene chinesische Bariton Hong-yu Chen war mit der Partie vertraut und mußte nur in das Ensemble integriert bzw. auf den interpretatorischen Ansatz der Produktion ausgerichtet werden. Das Vorhaben wiederum, durch die Einbeziehung eines Regisseurs wenigstens einen Teil der Arbeit auszulagern, erwies sich als nur partiell zielführend, denn natürlich folgten daraus lange und eingehende Besprechungen, in denen zunächst die Grundlinien des Konzepts geklärt, später dann aber auch der unvermeidlich aufkommende Dissens geschlichtet werden mußte. Nicht immer fügten sich die Vorstellungen von Sebastian Menke, der die Aufgabe der Regie übernommen hatte, mit denen von Lara Venghaus und des Orchesterleiters zu einem schlüssigen Ganzen, und schließlich gab es dann auch noch den Aspekt der Praktikabilität zu berücksichtigen, der nicht jede gute Idee auch Realität werden ließ.. Zwar besitzt die *Traviata* den Vorzug, nur mit wenigen Bühnenbildern auszukommen – das galante Domizil in Paris, das Landhaus, Violettas Sterbezimmer – aber diese sind so unterschiedlich, daß sie auf einer Bühne ohne Vorhang und Kulissen einen hohen Umbauaufwand erfordern. Auch die Kostüme waren einem häufigen Wechsel unterworfen: denn während ein *Tamino* immer Tamino bleiben kann, muß der *Alfredo*, der als Dandy die noblen Salons von Paris frequentiert, natürlich ein anderes Auftreten haben als derselbe, der sich zum zurückgezogenen Leben auf einem Landgut entschlossen hat, und auch *Violetta*, die sich als liebevolle Gefährtin diesem Alfredo ergibt, darf nicht mehr die obszöne Verführerin sein, die in der Großstadt die Begierde der jungen Adligen aufstachelt. Um all diese Herausforderungen zu bewältigen, standen zwar zahlreiche, jedoch nur wenige ausgebildete Helfer zur Verfügung. Wie bereits erwähnt, fand die Produktion im Zeichen der ersten großen Flüchtlingswelle statt, und um einen entschlossenen Beitrag zur Integration der Ankömmlinge zu leisten, hatte sich die Projektleitung dafür entschieden, geeignete Kräfte aus deren Mitte in die Arbeit einzubeziehen. So gab es zum Beispiel einen jungen Schneider und einen Tischler, die beide ihr Handwerk in Afghanistan gelernt hatten und prädestiniert schienen, eine Aufgabe beim Bühnen- bzw. Kostümbild zu übernehmen. Nun sprachen die beiden jedoch nicht nur keine in Europa gängige Sprache, sie wußten auch ausschließlich Kleidungsstücke und Möbel auf die Art und Weise anzufertigen, wie es in Afghanistan üblich ist. Glücklicherweise konnten Personen gefunden werden, die für sie gleichsam als handwerklichen Paten fungierten, indem sie sie in ihre Werkstatt aufnahmen und sie dort an die Techniken heranführten, die für die Herstellung in Europa gebräuchlicher Werkstücke erforderlich sind. Was unter dem Gesichtspunkt einer effizienten Integration die bestmögliche Entwicklung darstellte, bedeutete für die Opernproduktion hingegen zusätzlichen organisatorischen Aufwand und Verzögerungen im Vorwärtskommen. Auch erwies sich die Mitarbeit eines Kunsterziehungskurses des Gymnasiums Werther unter der Leitung von Larissa Neufeld bei der Gestaltung des Bühnenbilds als eine theaterpädagogisch überaus sinnvolle Maßnahme, und die Jugendlichen bewiesen bei ihrer Arbeit Einfallsreichtum und Geschick; aber natürlich verlangte ein solches Vorgehen Aufsicht und Betreuung, was wiederum den Einsatz der wenigen professionellen Kräfte erhöhte. Überwogen also bei der Arbeit an der *Zauberflöte*, sobald die in die Zuständigkeit der Intendanz fallenden Aufgaben erst einmal auf den Weg gebracht waren, der künstlerische Aspekt, so begleiteten pädagogische und soziale Belange die Produktion der *Traviata* bis hin zur Aufführung und mußten doch so in den Prozeß eingeordnet werden, daß sie das Künstlerische nicht beeinträchtigten. Wie aber bereits bei den beiden vorausgehenden Opernprojekten, erwies sich, bei aller Beschwernis, erneut die Arbeit im Ganzen als gewinnbringend und beglückend, und daß noch jedes dieser Experimente in eine Reihe achtbarer, ganzundgarnicht laienhafter und zudem gut besuchter Aufführungen mündete, sollte auch anderen Mut machen, sich auf solche einzulassen.

Die drei Opernprojekte *Freischütz, Zauberflöte* und *Traviata* verliefen also keineswegs nach immer demselben Muster. Es waren indes nicht unterschiedliche Projektentwürfe, welche die Unterschiede in Organisation und Durchführung der Vorhaben bewirkten, vielmehr ergaben sich diese aus den unterschiedlichen Gegebenheiten, die bei Beginn der Produktion angetroffen wurden, sowie den verschiedenen die Arbeit von außen beeinflussenden Faktoren. Eine Opernproduktion mit einem hohen Anteil von Amateuren und unter Low-Cost-Bedingungen kann sich nicht darauf zurückziehen, nicht einen einmal gefaßten Plan abzuarbeiten, vielmehr muß sie sich immer neu auf die eintretenden Modifikationen ihres Arbeitsumfelds einstellen. Gelegenheiten müssen ergriffen, Hindernisse hingenommen und umschifft werden. Ein Vorgehen wie bei der Zauberflöte war 2017 schon nicht mehr wiederholbar, weil sich die persönlichen Dispositionen ebenso wie die gesellschaftlichen Voraussetzungen durchgreifend verändert hatten. Entsprechend kam dann eine für 2020 vorgesehene weitere Opernproduktion aufgrund der Covid-19-Pandemie erst gar nicht zustande, und mit dem Fortgang des für das Ensemble unersetzbaren Tenors Johann Penner, der nach Paraguay auswanderte, um dort Chorleiter auszubilden, zerstoben auch die Phantasien hinsichtlich einer Neuauflage in naher Zukunft. Alles hat seine Zeit; wir haben uns angelegen sein lassen, die uns gegebene zu nutzen. Ob neue Zeiten Neues gebieten oder die Anknüpfung an Bewährtem ermöglichen, wird sich weisen.

50 Jahre eines einzigartigen Orchesters
Erfahrungen und Eindrücke langjähriger Mitglieder

Friederike Wacker

Ein halbes Jahrhundert existiert nun schon das Orchester der Universität Bielefeld. Für mich, als jemand der dieses Semester neu beigetreten ist, kaum greifbar. Umso mehr freue ich mich, die Ehre gehabt zu haben, mit ein paar der schon langjährigen Mitglieder in Kontakt getreten zu sein, um die Erinnerungen und Eindrücke ihrer Zeit zu hören, zu sammeln und nun für uns alle niederzuschreiben.

Manche dieser Teilnehmer bereichern das Orchester schon seit 1981. Ihren Weg dorthin fanden sie dabei auf unterschiedlichste Weise, so etwa durch Aushänge in Musikgeschäften, Einladungen durch andere oder auf eigener Suche nach einem Orchester in der neuen Heimat Bielefeld, damals wohl das einzige Sinfonieorchester für Laien in der Stadt.

Das war aber bei weitem nicht allein, was das Orchester, in den Augen dieser Mitglieder bis heute noch einzigartig macht. Unabhängig voneinander berichteten sie mir von ihren besonderen Momenten mit Musik und Menschen und stellten dabei die einzigartige Zusammensetzung und das Miteinander in den Vordergrund. Jedes Semester muss sich das Orchester aufgrund der studienbedingten Fluktuation neu zusammenfinden und hebt sich dabei zudem durch einen Mix der Altersgruppen und Nationalitäten hervor. Dies erfordere - so eine langjährige Angehörige des Orchesters - Flexibilität und Toleranz und bringe frischen Wind.

Das Miteinander beschrieben alle als besonders gemeinschaftlich, hilf-reich und fair, wodurch die Proben als große zwischenmenschliche und musikalische Bereicherung empfunden werden.

Man wolle eben GEMEINSAM ein gutes Ergebnis schafften.

Darüber hinaus fanden alle sehr lobende Worte für den Mann, der unser Orchester durch alle personellen und musikalischen Herausforderungen führt, nämlich unseren Dirigenten Michael Hoyer (und das ohne dass ich eigens danach gefragt hätte). Als Kapellmeister und Musikwissenschaft-ler lässt er in die Proben so viele musiktheoretische Hintergründe mit einfließen, dass der ein und andere über die Zeit schon hat verlauten las-sen, es würde zu viel erklärt und zu wenig musiziert. Was oberflächlich so erscheinen mag, führt aber zu einem, so beschreiben es die Mitglieder, tiefgehenden Verständnis, das prägend in Erinnerung bleibt.

Die Mischung aus seiner Ernsthaftigkeit und seinem klaren, professionel-len Dirigentenstil, sowie seiner Leidenschaft für Musik, Kontinuität, Mo-tivationsfähigkeit und Wertschätzung machen ihn zu einem perfekten Bindeglied, welches das Orchester über die Jahre auf einem respektablen Niveau halten konnte und ein harmonisches Miteinander ermöglicht hat.

Einzigartig ist in den Augen der jahrelangen Mitglieder auch das Reper-toire des Orchesters. Auch wenn jedes Semester etwas Eigenes hat, bleibt sich das Orchester im großen Ganzen treu und bewegt sich innerhalb der großen symphonischen Musik mit einigen Ausflügen in die Welt der Oper (Freischütz, Zauberflöte, Traviata). Sie schwärmten von einer außerge-wöhnlichen und vielfältigen Programmauswahl, die für jeden einzelnen im Laufe der Zeit je nach Instrument unterschiedliche Herausforderun-gen mit sich brachte. Unverändert geblieben ist, dass „das Programm immer mit wenig Rücksicht auf leichte Spielbarkeit zusammen gestellt" wurde. So berichtete einer von Gustav Mahler und dessen 4. Sinfonie, bei welcher er als Konzertmeister auf zwei unterschiedlich gestimmten Geigen die Violinsoli gespielt habe, während einem anderen seine solistische Aufgabe in Webers Concertino für Klarinette in Erinnerung blieb. Einig war man sich auch über die Besonderheit der Opernaufführungen, welche sogar szenisch interpretiert wurden.

Im Rückblick auf die 50 Jahre Orchestergeschichte und der Bedeutung diese Jubiläums, ist eine ungeheure Dankbarkeit für die gemeinsamen Erinnerungen und Eindrücke erkennbar. Das Orchester als beständiger und bedeutsamer Teil des kulturellen Lebens an der Universität Bielefeld bot für seine Mitglieder eine Basis ihrer musikalischen Verwirklichung (auch im Hinblick auf die Weiterentwicklung in späteren Wohnorten). Für die Zukunft wünschen sie dem Orchester alles Gute und dass noch viele junge und ältere Menschen von dem kulturellen und sozialen Angebot und Miteinander profitieren können.

Ich selbst bin sehr dankbar dafür, in diesem Semester ein Teil dieses Angebots und Miteinanders geworden zu sein. Die unglaublich herzliche und unterstützende Zusammenarbeit, sowie die großartige und professionelle Leitung durch unseren Dirigenten konnte ich von Tag eins genauso erfahren und hat dieses Orchester vom ersten Augenblick an auch für mich einfach einzigartig gemacht!

V. l. n. r: Friederike Langer, Gerd Nakerst, Patricia Kretschmer, Renate Türoff, Jürgen Schade; Foto: Renate Türoff.

Erfahrungen und Eindrücke neuster Mitglieder

Eva Schmale

Nun haben wir Bericht darüber erhalten, wie das Universitätsorchester von langjährigen Mitwirkenden wahrgenommen wird. Doch was haben Mitglieder über das Orchester zu sagen, die erst seit kurzer Zeit dabei sind? Es war mir als Außenstehende eine Freude, mit zweien von ihnen zu sprechen und ihre Eindrücke geschildert zu bekommen.

Beide haben den Weg nach Bielefeld über ihr Studium gefunden und sich sofort entschieden, dem Universitätsorchester beizutreten. Musikalische Erfahrung sammelten sie bereits durch die Mitwirkung im heimatlichen Musikschulorchester, somit hatten sie eine Vorstellung davon, wieviel Freude im gemeinschaftlichen Musizieren liegt. Musik verbindet die unterschiedlichsten Menschen miteinander, das spiegelt sich auch in der vielfältigen Besetzung des Universitätsorchesters wider! Beide fühlten sich schon nach wenigen Proben als Teil einer großen Familie oder eines Teams, das zusammen durch dick und dünn geht. Und auch, wenn die langjährigen Mitglieder natürlich bereits eine festere Verbindung zueinander aufbauen konnten, werden neue Mitspieler doch stets in ihrem Bund herzlich willkommen geheißen, es braucht lediglich ein wenig Zeit, bis alle internen Kenntnisse übermittelt sind und sich die gemeinsamen Kleinigkeiten, die langjährige Freundschaften auszeichnen, entwickeln.

Neben den Mitwirkenden muss selbstverständlich auch die Gestaltung der Proben erst einmal kennengelernt werden. Schon nach drei Semestern konnte einer meiner Gesprächspartner ein Fazit ziehen: Man lerne nie aus, man bekomme von den erfahrenen Mitgliedern sowie auch vom Leiter Michael Hoyer immer wieder neue Dinge beigebracht und Tipps und Tricks an die Hand gegeben, wie bestimmte Parts besser gelingen. Nur das Üben zu Hause bleibt trotz dieser fantastischen Förderung nicht aus.

Das Repertoire kann von denjenigen, die erst ein, zwei oder drei Semester dabei sind, weniger umfassend beurteilt werden, doch auch der erste Eindruck ist von Belang. Es werde niemals langweilig und die so unterschiedlichen Musikstücke fordern verschiedenste Kenntnisse und Fähigkeiten, es bleibt interessant und immer wieder übernehmen andere Instrumentengruppen besondere Verantwortung, je nach Komposition. Die Auswahl der Stücke für die Konzerte empfanden die Neumitglieder bislang immer als angemessen und vom Schwierigkeitsgrad her zu bewältigen. Sie sind optimistisch, dass die regelmäßige Teilnahme an den Orchesterproben sowie einige Übungsstunden zu Hause ausreichen, um das Konzertprogramm ansprechend zu meistern.

Zur Bedeutung des Jubiläums können die erst seit kurzem mitspielenden Mitglieder freilich noch nicht viel sagen, doch ein 50jähriges Bestehen deutet auf etwas hin: Das Orchester belebt sowohl das gemeinschaftliche Miteinander als auch das kulturelle Angebot der Universität Bielefeld.

Die Autorinnen und Autoren

Birgit Apfelbaum war bis 2023 Professorin für Kommunikations- und Sozialwissenschaften am Fachbereich Verwaltungswissenschaften der Hochschule Harz und ist Alumna der Universität Bielefeld. In den Jahren 2010 bis 2022 leitete sie an der Hochschule Harz eine Reihe von angewandten Forschungsprojekten mit hochschulexternen Partnern aus der Region, u.a. mit dem Ziel der partizipativen Entwicklung netzwerkbasierter Lösungen zur Flüchtlingsintegration und zum Umgang mit demografischer Alterung der Gesellschaft.

Von 1981 bis 1982 wirkte sie als Geigerin in der 1. und 2. Violine des damaligen Hochschulorchesters mit, von 1982 bis 1993 darüber hinaus im kammermusikalisch besetzten Polifonia-Ensemble.

Isaak Dieme studiert aktuell im Bachelorstudiengang Musikwissenschaft mit musikalisch-künstlerischer Zusatzqualifikation im Fach Klavier an der Universität Paderborn/Hochschule für Musik Detmold. Neben dem Studium arbeitet er seit dem Wintersemester 2022/23 als studentische Hilfskraft für Prof. Dr. Dominik Höink und hat den zweiten Vorsitz im Fachschaftsrat der Musikwissenschaft inne.

Praktische musikalische Erfahrungen sammelte er mit der Violine im Universitätsorchester Paderborn, dem Jugendsinfonieorchester Oberfranken sowie bei den Jungen Sinfonikern Bielefeld. In den Kontakt mit dem Universitätsorchester Bielefeld kam er durch ein Praktikum im Rahmen seines Studiums.

Sebastian Hoffmann ist seit 2011 Professor für Elektrotechnik und Automatisierungstechnik an der Hochschule Bielefeld (HSBI). Neben seiner Ausbildung als Energieelektroniker bei Miele in Bielefeld sowie seinem Studium der Elektrotechnik und des Wirtschaftsingenieurswesens mit anschließender Promotion im Bereich optische Nachrichtentechnik an der Universität Paderborn galt sein besonderes Interesse von klein auf der Musik. Dem damaligen Hochschulorchester trat er während seiner Ausbildung bei, in diese Zeit fällt auch die Uraufführung seiner Komposition „Romantische Konzertmusik". Während seines Studiums in Paderborn spielte er im dortigen Hochschulorchester mit, bevor er sich anlässlich des 40jährigen Jubiläums erneut dem Universitätsorchester Bielefeld anschloss, dem er bis heute als Stimmführer der Bratschen angehört.

Michael Hoyer studierte Orchesterleitung an der Musikhochschule Würzburg bei Hanns Reinartz und parallel dazu Musikwissenschaft und Germanistik an der dortigen Universität. Wichtige Lehrer waren die Musikwissenschaftler Martin Just und Wolfgang Osthoff sowie Zsolt Gárdonyi für die Fächer Tonsatz und Kontrapunkt und Klaus Stahmer in den Fächern Formenlehre und Analyse. Nach dem Kapellmeisterexamen erfolgte die Fortsetzung des wissenschaftlichen Studiums an der Universität Münster in den Fächern Philosophie und Allgemeine Sprachwissenschaft bei Ingetrud Pape und Helmut Gipper. 1988 wurde Hoyer aufgrund der Dissertation „Überleitung von der Philosophie der Sprache zu einer Sprachphilosophie der Musik" zum Doktor der Philosophie promoviert.

Die musikalische Leitung des Universitätsorchesters Bielefeld hat Michael Hoyer in ununterbrochener Folge seit 1980 inne. Schwerpunkt seiner Arbeit ist die klassische sinfonische Literatur, wobei er eine möglichst breite Streuung der zu erarbeitenden Kompositionen anstrebt. Seine breite Erfahrung in der Zusammenarbeit mit Sängern befähigt ihn freilich in besonderem Maße auch zur Einstudierung von oratorischer und Opernliteratur. Methodisch ist seine Arbeit darauf ausgerichtet, die Orchestermitglieder nicht allein zur Ausführung der Stücke zu ertüchtigen, sondern zugleich ihre musikalische Kenntnis im Allgemeinen und ihr Verständnis für die befaßte Literatur zu vertiefen.

Neben seiner dirigentischen Tätigkeit ist Michael Hoyer als Verfasser von musikwissenschaftlicher und philosophischer Literatur sowie als Komponist und als Klavierbegleiter der Sopranistin Lara Venghaus aktiv.

Eva Schmale beendete im Herbst 2022 erfolgreich ihren zwei-Fach-Studiengang Germanistische Sprachwissenschaft und Musikwissenschaft und studiert derzeit im Masterstudiengang Kultur- und Gesellschaft ebendiese Fächer an der Universität Paderborn/Hochschule für Musik Detmold. Musikalische Praxiserfahrung sammelte sie als Hornistin im Hochschulorchester Paderborn sowie im Landesjugendblasorchester Niedersachsen.

In Berührung mit dem Universitätsorchester Bielefeld kam sie durch ein Praktikum im Rahmen ihres Studiums.

Lara Venghaus schloss ihr Studium der Philosophie und Kulturreflexion an der Universität Witten/Herdecke 2021 mit Auszeichnung ab. Anknüpfend an ihre von Prof. Dr. Dirk Rustemeyer betreute Masterarbeit arbeitet sie seither am musikwissenschaftlichen Seminar Paderborn/Detmold als Doktorandin von Prof. Dr. Rebecca Grotjahn an ihrer Dissertation, die sich der Ästhetik Friedrich Schleiermachers im Allgemeinen und seiner Musikphilosophie im Besonderen widmet.

Dem Universitätsorchester Bielefeld ist sie seit dem Sommersemester 2003 verbunden. Damals als Oboistin in das Orchester eingetreten, engagierte sie sich später als Initiatorin verschiedener Projekte wie der „Oper im Audimax" sowie der Kammerkonzertreihe. Musikalisch hat die freischaffende Sopranistin mit dem Orchester zudem als Solistin zusammengearbeitet, sowohl im Konzertrepertoire wie beispielsweise in Beethovens 9. oder Mahlers 4. Sinfonie als auch im Opernfach, wo sie dem Bielefelder Publikum insbesondere als Interpretin der großen Frauenrollen Giuseppe Verdis nachdrücklich in Erinnerung geblieben ist.

Friederike Wacker studiert seit 2024 Jura an der Universität Bielefeld, wo sie im Wintersemester 2024/25 auch sogleich dem dortigen Universitätsorchester beitrat. Neben ihrem Studium pflegt sie das Violinspiel, das sie im Alter von acht Jahren aufnahm und seither kontinuierlich mit Ernsthaftigkeit verfolgt.

Anhang

Dirigenten und Konzertmeister:innen

Gründung 1974:	**Junges Kammerorchester Bielefeld**
ab 1976/77:	**Hochschulorchester Bielefeld**
ab 2013:	**Universitätsorchester Bielefeld**

Gründer:

Volker Schlaf
Meinhard Sprinz
Felix Schumacher

Leiter:

1975	Meinhard Sprinz
1975 – SS 1976	Herbert Gietzen
WS 1976 – 1977	Herrmann Breuer
WS 1977 – SS 1980	Christoph Scholz
seit WS 1980	Dr. Michael Hoyer

Konzertmeister:

1975 – 1977	Dr. Ulrich Stähle
1977 – 19??	Andreas Jäschke
1980 – 1988	Gisela Hoyer
1988 – 1992	Birgit Schröter
1992 – 2001	Rolf Wagemann
2001 – 2003	Dorothea Kraus
2004 – 2009	Lawrence Wright
2010 – 2019	Christian Oberer
2019 – 2023	Lona Hertle
2024	Patrick Schnabel
seit 2024	Serhii Arzumanov

Konzerte

Unvollständige Angaben in der Chronologie beruhen auf fehlenden Informationen.

Leitung Herbert Gietzen:

WS 1975/76 W. A. Mozart: Sinfonie A-Dur KV 201
D. Cimarosa: Konzert für zwei Querflöten und Orchester
B. Britten:
H. Boston:

SS 1976 A. Vivaldi: Doppelkonzert für zwei Celli g-Moll
I. Stravinsky:
E. Grieg:
F. Schubert:

Leitung Hermann Breuer:

WS 1976/77 A. Vivaldi: Doppelkonzert für zwei Celli g-Moll
W. A. Mozart: Serenata notturna D-Dur
J. S. Bach: 1. Brandenburgisches Konzert

SS 1977 A. Honegger:
C. Saint-Saëns:
J. Francaix:
G. Bizet:

Solisten: Michael Becker, Violoncello
Inge Hesse, Klavier

Leitung Christoph Scholz:

WS 1977/78 O. Respighi: Antiche Danze ed Arie, III. Suite für
Streichorchester
Mendelssohn: Sinfonie Nr. 1 c-Moll op. 11
Beethoven: Konzert für Klavier und Orchester Nr. 1
C-Dur op. 15
Solist: Ludger Höffkes, Klavier

SS 1978 G. Gabrieli: Sonata pian' e forte Ch. 175 / Nr. 33
Ch. W. Gluck: Ouvertüre zu „Iphigenie in Aulis"
W. A. Mozart: Konzert für Horn und Orchester Nr. 2
Es-Dur KV 417
F. Schubert: Sinfonie Nr. 8 h-Moll „Unvollendete"
Solist: Michael Fuder, Horn

WS 1978/79 H. Purcell: Streicher-Fantasien
Ch. Ives: *The Unanswered Question*
Ch. Gounod: Petite Symphonie
A. Dvořák: Violinkonzert a-Moll op. 53
Solist: Jörg Kramer, Violine

SS 1979
Mendelssohn: Ouvertüre „Die Hebriden"
F. Doppler: Konzert für zwei Flöten
E. Grieg: Peer-Gynt-Suite

WS 1979/80 Beethoven: Tripelkonzert C-Dur op. 56
R. Schumann: Sinfonie Nr. 4 d-Moll op. 120
Solisten: Claudia Noltensmeyer, Violine
Stephan Haack, Violoncello,
Silke-Thora Matthies, Klavier

SS 1980 W. F. Bach: Sinfonia für zwei Flöten und Streicher
d-Moll
A. Dvořák: Serenade für Bläser, Violoncello und
Kontrabaß d-Moll op. 44
D. Šostakovič: Konzert Nr. 1 für Klavier, Trompete und
Streichorchester op. 35
Solisten: Heidi Kommerell, Klavier
Hans-Joachim Knoke, Trompete

Leitung Michael Hoyer:

WS 1980/81 W. A. Mozart: Sinfonie C-Dur KV 551 „Jupiter"
(Leitung M. H.)

W. A. Mozart: Requiem d-Moll KV 626
(in Kooperation mit dem Hochschulchor,
Leitung: Werner Hümmeke)

SS 1981 F. Schubert: Ouvertüre zur Oper *Fierrabras*
J. Haydn: Sinfonie Nr. 99 Es-Dur
F. Schubert: Sinfonie Nr. 4 c-Moll

WS 1981/82 A. Borodin: Sinfonie Nr. 3 a-Moll
C. Stamitz Konzert für Klarinette und Orchester Nr. 3
B-Dur

F. Schubert: Sinfonie Nr. 8 h-Moll „Unvollendete"
Solist: Heinz-W. Krümpelmann, Klarinette

SS 1982 R. Schumann: Carnaval op. 9
Beethoven: Konzert für Klavier und Orchester Nr. 1
C-Dur op. 15
Solistin: Heidrun Holtmann, Klavier

WS 1982/83 Beethoven:
F. Berwald: Sinfonie singulière
R. Schumann: Konzert für Klavier und Orchester a-Moll
Solistin: Heidrun Holtmann, Klavier

SS 1983 W. A. Mozart: Deutsche Tänze KV 600
W. A. Mozart: Konzert für Horn und Orchester Nr. 2 Es-
Dur KV 417

Beethoven: Sinfonie Nr. 2 D-Dur
Solistin: Laura Hall, Horn

WS 1983/84 Mendelssohn: Zwei Sätze aus "Ein Sommernachtstraum"
F. Liszt: Sinfonische Dichtung *Von der Wiege bis zum Grabe*
W. A. Mozart: Konzert für Klavier und Orchester Es-Dur KV 482
Solist: Johann Schröder, Klavier

SS 1984 J. Haydn: Sinfonie Nr. 103 Es-Dur
C. M. v. Weber: Concertino für Klarinette und Orchester Es-Dur op. 26
A. Dvořák: Slawische Tänze op. 46 Nr. 1-4
Solist: Wilhelm Gößling-Eckey, Klarinette

WS 1984/85 K. Weill: *Kleine Dreigroschenmusik*
L. Spohr: Konzert für Violine und Orchester Nr. 8 a-Moll
Beethoven: Ouvertüre zu *Leonore* Nr. 1 C-Dur
Ouvertüre zu *Leonore* Nr. 3 C-Dur
Ouvertüre zu *Fidelio* E-Dur
Solist: Udo Wagner, Violine

SS 1985 Ch. Gounod: Petite Symphonie
W. A. Mozart: Sinfonia concertante für Violine, Viola und Orchester Es-Dur KV 364
H. Berlioz: Liederzyklus *Nuits d'Eté*
Solisten: Udo Wagner, Violine
Andreas Kraaz, Viola
Antje Tonsen, Mezzosopran

WS 1985/86 C. Franck: Sinfonische Dichtung *La Rédemption*
J. Haydn: Konzert für zwei Hörner und Orchester Es-Dur
Beethoven: Sinfonie Nr. 7 A-Dur
Solistinnen: Laura Hall, Horn,
und Joan Greabeiel, Horn

SS 1986   Th. W. Adorno: *Kinderjahr.* Sechs Stücke aus op. 18 von
                                Robert Schumann
                   G. Fauré: Fantaisie pour Flute et Piano
                                (orch.: M. Hoyer)
                   F. Schubert: Sinfonie Nr. 9 C-Dur
                                       Solistin: Frauke Fehre, Flöte

WS 1986/87   A. Schönberg: Thema und Variationen für Orchester
                                 op. 43 b
                   F. Hoffmeister: Konzert für Viola und Orchester D-Dur
                   J. Brahms: Serenade für Orchester D-Dur op. 11
                                        Solist: Andreas Kraaz, Viola

SS 1987   A. v. Webern: Fuga Nr. 2 aus dem *Musikalischen Opfer*
                                 von Bach
                   G. Mahler: Zwölf Lieder aus *Des Knaben Wunderhorn*
                                         Solisten: Regine Wasen, Sopran
                                                   Eike Rathjen, Alt
                                                   Ulrich Neuweiler, Tenor

WS 1987/88   W. A. Mozart: Sinfonie Nr. 40 g-Moll KV 550
                   F. Liszt: Konzert für Klavier und Orchester Nr. 1
                                 Es-Dur
                   O. Messiaen: *Et exspecto resurrectionem mortuorum*
                                        Solist: Jörg Turowski, Klavier

SS 1988   A. Dvořák: Sinfonische Dichtung *Der Wassermann*
                   G. Mahler: Kindertotenlieder
                                         Solistin: Eike Rathjen, Alt

WS 1988/89   C. Debussy: Petite Suite (orch. H. Busser)
                   Beethoven: Sinfonie Nr. 6 F-Dur „Pastorale"

SS 1989   A. Bruckner: Vier Stücke für Orchester
                   W. A. Mozart: Serenade B-Dur KV 361 für 12
                                 Blasinstrumente und Kontrabaß
                   H. Berlioz: Liederzyklus *Nuits d´Eté*
                                         Solistin: Eike Rathjen, Alt

WS 1989/90 S. Hoffmann: Romantische Konzertmusik (UA)
A. Dvořák: Serenade für 9 Blasinstrumente,
Violoncello und Kontrabaß
J. Haydn: Sinfonie Nr. 99 Es-Dur

SS 1990 R. Strauss: Suite B-Dur für 13 Blasinstrumente op. 4
Beethoven: Sinfonie Nr. 2 D-Dur

WS 1990/91 A. Honegger: Pastorale d´Eté
Mendelssohn: Drei Sätze aus der Schauspielmusik zu
Shakespeares *Sommernachtstraum*
R. Schumann: Sinfonie Nr. 2 C-Dur

SS 1991 R. Wagner: Ouvertüre zur Oper *Die Feen*
Mendelssohn: Konzertstück für Klarinette, Bassetthorn
und Orchester f-Moll
A. Dvořák: Sinfonische Dichtung *Die Waldtaube*
Solisten: Wilhelm Gößling-Eckey, Klarinette
Elisabeth Willmann, Bassetthorn

WS 1991/92 Mussorgskij: Liederzyklus *Ohne Sonne*
L. Spohr: Sinfonie Nr. 3 c-Moll
Solistin: Eike Tiedemann, Alt

SS 1992 Mussorgskij: Eine Nacht auf dem kahlen Berge
J. Brahms: Serenade D-Dur op. 11

WS 1992/93 E. Krenek: *Elf Transparente* für Orchester
Beethoven: Sinfonie Nr. 5 c-Moll

SS 1993 W. A. Mozart: Konzert für Horn und Orchester Nr. 2 Es-
Dur KV 417
C. M. v. Weber: Ouvertüre zu *Euryanthe*
Mendelssohn: Ouvertüre zum *Märchen von der schönen
Melusine*
R. Schumann: Ouvertüre zu *Genoveva*
Solist: Hartmut Welpmann, Horn

WS 1993/94 A. Dvořák: Sinfonische Variationen
G. Mahler: Fünf Orchesterlieder
Solistin: Eike Tiedemann, Alt

SS 1994	R. Schumann:	Sinfonie g-Moll
	F. Schubert:	Sinfonie Nr. 8 h-Moll „Unvollendete"
	R. Strauss:	Sonatine für Bläser „Aus der Werkstatt eines Invaliden"

Sonderkonzert aus Anlaß des 25-jährigen Bestehens der Universität

	Dittersdorf:	*Die Rettung der Andromeda durch Perseus*
	J. Haydn:	Sinfonie Nr. 22 Es-Dur
	R. Strauss:	Konzert für Oboe und kleines Orchester
		Solistin: Claudia Möller, Oboe

| **WS 1994/95** | G. Mahler: | Sinfonie Nr. 4 G-Dur |
| | | Solistin: Birte Heißenberg, Sopran |

| **SS 1995** | A. Dvořák: | Zwei Slawische Tänze op. 45 |
| | | Sinfonie Nr. 6 D-Dur |

WS 1995/96	G. Fauré:	Orchestersuite *Pelléas et Mélisande*
	M. Reger:	Vier Tondichtungen nach Arnold Böcklin
		Solist: Rolf Wagemann, Violine

SS 1996	Beethoven:	Klavierkonzert Nr. 3 c-Moll op. 37
	J. Brahms:	Sinfonie Nr. 1 c-Moll op. 68
		Solist: Manuel Köhring, Klavier

| **WS 1996/97** | Tschaikowskij: | Fantasie-Ouvertüre *Romeo et Juliette* |
| | F. Schubert: | Sinfonie Nr. 9 C-Dur |

SS 1997	Palestrina:	Improperium (Instr.: M. Hoyer)
	H. Pfitzner:	Drei Vorspiele zur Oper *Palestrina*
	P. Hindemith:	Sinfonie *Mathis, der Maler*

WS 1997/98	V. d´Indy:	*Tableaux de Voyage*
	A. Glasunow:	Konzert für Violine und Orchester a-Moll
	Beethoven:	Sinfonie Nr. 7 A-Dur
		Solist: Tobias Sturm, Violine

SS 1998	D. Milhaud:	Dixtuor à Vent
		Rhapsodie für Klarinette und Orchester
	R. Schumann:	Sinfonie Nr. 1 B-Dur „Frühlingssinfonie"
		Solist: Frank Bunselmeyer, Klarinette

WS 1998/99	G. Mahler:	*Das Lied von der Erde*
		Solisten: Eike Tiedemann, Alt
		Stefan Vinke, Tenor

SS 1999	R. Schumann:	Konzert für Violoncello und Orchester a-Moll
	A. Dvořák:	Sinfonie Nr. 5 F-Dur
		Solistin: Corinna Eikmeier, Violoncello

WS 99/2000	W.A. Mozart:	Ouvertüre zu *Don Giovanni*
	I. Pizetti:	Konzert für Klavier und Orchester
	M. Reger:	Variationen über ein Thema von Mozart
		Solist: Manuel Köhring, Klavier

SS 2000	Beethoven:	Sinfonie Nr. 4 B-Dur
	J. Brahms:	Variationen über ein Thema von Joseph Haydn

WS 2000/01	C. Franck:	Sinfonische Dichtung *Les Eolides*
	C. M. v. Weber:	Konzert für Fagott und Orchester
	A. Dvořák:	Sinfonie Nr. 7 d-Moll
		Solist: Nicolas Müller, Fagott

SS 2001	P. Mascagni:	Ouvertüre zur Oper *Le Maschere*
	C. Saint-Saëns:	Suite algérienne
	E. Grieg:	Konzert für Klavier und Orchester a-Moll
		Solist: Manuel Köhring, Klavier

WS 2001/02	R. Rossellini:	Sinfonische Dichtung *Terra di Lombardia*
	B. Smetana:	*Die Moldau* und *Tábor* aus *Má vlast*
	Mendelssohn:	Ouvertüre „Die Hebriden"

SS 2002	G. Mahler:	3. Satz der Sinfonie Nr. 1 D-Dur
	G. Mahler:	*Lieder eines fahrenden Gesellen*
	G. Mahler:	Sinfonie Nr. 10 Fis-Dur (Bruchstück)
		Solistin: Martina Kamp, Alt

WS 2002/03	C. M. v.Weber:	Ouvertüre zu *Euryanthe*
	A. Honegger:	Konzert für Violoncello und Orchester
	J. Brahms:	Sinfonie Nr. 2 D-Dur
		Solistin: Corinna Eikmeier, Violoncello

SS 2003   Z. Fibich: Sinfonische Dichtung *Am Abend*
F. Strauss: Konzert für Horn und Orchester
Nr. 1 c-Moll
O. Ostrčil: Kreuzweg-Variationen op. 24
Solist: Sven Pohlmann, Horn

WS 2003/04   E. Elgar: Konzert für Violoncello und Orchester
e-Moll op. 85
A. Dvořák: Sinfonie Nr. 8 G-Dur op. 88 „*Die Englische*"
Solistin: Inken Dwars, Violoncello

SS 2004   C. M. v. Weber: Zwischenaktmusik aus der Oper *Die drei Pintos* (Bearbeitung: G. Mahler*)*
F. Schubert: Sinfonie Nr. 8 h-Moll „Unvollendete"
G. Mahler: Kindertotenlieder
Solistin: Julia Husmann, Alt

WS 2004/05   F. Liszt: Sinfonische Dichtung *Hamlet*
E. Ewazen: Konzert für Bassposaune und Orchester
(1998)
Beethoven: Sinfonie Nr. 3 Es-Dur „Eroica"
Solist: Matthias Krüger, Bassposaune

SS 2005   J. Brahms: Fest- und Gedenksprüche (bearb, für Blechbläser)
J. Haydn: Konzert für Violoncello und Orchester
D-Dur op. 101
J. Brahms: Serenade für Orchester op. 11 D-Dur
Solistin: Inken Dwars, Violoncello

WS 2005/06   G. Bizet: Sinfonie C-Dur
G. Mahler: Zehn Lieder aus *Des Knaben Wunderhorn*
Solistin: Julia Husmann, Alt

SS 2006   L. A. Maillart: Ouvertüre zu *Das Glöckchen des Eremiten*
C. Saint-Saëns: Suite Algerienne

WS 2006/07 F. Schubert: Sinfonie Nr. 9 C-Dur

SS 2007   G. Bizet: Ausschnitte aus der Oper *Carmen*
Mendelssohn: Sinfonie Nr. 3 a-Moll „Schottische"
                        Solistinnen: Julia Husmann (Carmen)
                                        Lara Venghaus (Frasquita)
                                        Bineta Diouf (Mercedes)

WS 2007/08 F. Busoni: Divertimento für Flöte und Orchester
J. Brahms: Sinfonie Nr. 4 e-Moll
                        Solistin: Magdalena Kapka, Flöte

SS 2008   A. Dvořák: Sinfonische Dichtung *Der Wassermann*
Beethoven: Sinfonie Nr. 6 F-Dur „Pastorale"

WS 2008/09 Tschaikowskij:Klavierkonzert Nr. 1 b-Moll op. 23
C. Franck: Sinfonie d-Moll FMV 48
                        Solist: Jan-Christoph Homann, Klavier

SS 2009   C. M. v. Weber: *Der Freischütz*
                        (szenische Aufführung im Oktober)
                                Lara Venghaus, Agathe
                                Magdalena Kapka, Ännchen
                                Johann Penner, Max
                                Sebastian Pilgrim, Kaspar

WS 2009/10 Mendelssohn: Notturno C-Dur op. 24
J. Koetsier: Konzert für vier Posaunen und Orchester
Beethoven: Sinfonie Nr. 2 D-Dur
                        Solisten: Posaunenensemble „Slide-O-Five"

SS 2010	F. Liszt:	Konzert für Klavier und Orchester Nr. 1 Es-Dur
		Opernparaphrase über *Le nozze di Figaro* für Klavier solo
	W. A. Mozart:	Arien und Duette aus *Cosi fan tutte* und *Don Giovanni*
		Ouvertüre zu *Cosi fan tutte*

Solisten: Jan-Christoph Homann, Klavier
Lara Venghaus, Sopran
Johann Penner, Tenor

| **WS 2010/11** | E. Lalo: | Konzert für Violoncello und Orchester d-Moll |
| | Beethoven: | Sinfonie Nr. 4 B-Dur op. 60 |

Solist: Rafael Guevara, Violoncello

| **SS 2011** | C. M. v. Weber: | Konzert für Klarinette und Orchester Nr. 2 Es-Dur |
| | L. Spohr: | Sinfonie Nr. 3 c-Moll op. 78 |

Solistin: Gil Shaked-Agababa, Klarinette

| **WS 2011/12** | J. Haydn: | Sinfonie Hob.I:101, D-Dur „Die Uhr" |
| | Rachmaninow: | Konzert für Klavier und Orchester Nr. 2 c-Moll, op. 18 |

Solist: Jan-Christoph Homann, Klavier

SS 2012	F. Desprez:	"Triptique pour 3 trombones"
	W. A. Mozart:	Ouvertüre und Ausschnitte aus der Oper *Die Zauberflöte*
	Beethoven:	Konzert für Violine und Orchester D-Dur op. 61

Solisten: Julia Parusch, Violine
Posaunenensemble "Slide-O-Five"

WS 2012/13 W. A. Mozart: Gesamtaufführung der Oper
Die Zauberflöte KV 620
Johann Penner, Tamino
Lara Venghaus, Pamina
Myriam Dewald, Königin
Daniel Wynarski, Sarastro
Volker Perret, Papageno
Margarita Vilsone, Maria Schlestein, Anna Werle, 3 Damen

SS 2013 Itai Sobol: Konzert für Klarinette und Orchester (UA)
Beethoven: Konzert für Klavier und Orchester Nr. 5
Es-Dur
Solisten: Gil Shaked-Agababa, Klarinette
Jan-Christoph Homann, Klavier

WS 2013/14 J. Haydn: Konzert für Trompete und Orchester
Es-Dur Hob. VIIe
G. Mahler: Sinfonie Nr. 4 G-Dur
Solisten: Miroslav Petkov, Trompete
Lara Venghaus, Sopran

SS 2014 Beethoven: Sinfonie Nr. 9 d-Moll
Solisten: Lara Venghaus, Sopran
Bettina Pieck, Alt
Johann Penner, Tenor
Markus Wetzlich, Bass

WS 2014/15 Tschaikowskij: Konzert für Violine und Orchester D-Dur
op. 35
A. Dvořák: Sinfonie Nr. 9 e-Moll „Aus der neuen Welt"
Solistin: Julia Parusch, Violine

SS 2015 Beethoven: Tripelkonzert C-Dur op. 56
J. Brahms: Sinfonie Nr. 2 D-Dur op. 73
Solistinnen: Trio Piast

WS 2015/16 G. Fauré: Élégie pour violoncelle
F. Schubert: Sinfonie Nr. 8 h-Moll „Unvollendete"
J. Brahms: Klavierkonzert Nr. 1 d-Moll op. 15
Solisten: Jan-Christoph Homann, Klavier
Svea Krahmann, Violoncello

SS 2016 G. Verdi: Auszüge aus der Oper *La Traviata*
W. A. Mozart: Sinfonie C-Dur KV 551 „Jupiter"
Solisten: Lara Venghaus, Sopran
Johann Penner, Tenor

WS 2016/17 C. Saint-Saëns: Introduction et Rondo Capriccioso
F. Schubert: Sonate B-Dur D 960, 2. Satz Andante
sostenuto (Instr.: M. Hoyer)
Solistin: Maria Inês Ribeiro Marques, Violine

April 2017 G. Verdi: *La Traviata* (szenische Aufführung)
Lara Venghaus, Violetta Valery
Johann Penner, Alfredo Germont
Hongyu Chen, Giorgio Germont

SS 2017 D. Šostakovič: Konzert für Violoncello & Orchester Nr. 1
Es-Dur op. 107
R. Schumann: Sinfonie Nr. 3 Es-Dur op. 97 „Rheinische"
Solist: Nikolaos Prevezianos, Violoncello

WS 2017/18 R. Strauss: Suite B-Dur op. 4 für 13 Blasinstrumente
op. 4
3 Lieder aus „Letzte Blätter" op. 10
H. Wolf: Lieder der Mignon
R. Wagner: Siegfried-Idyll WWV 103
Solistin: Lara Venghaus, Sopran

SS 2018 M. Hoyer: 8 Orchesterlieder nach Georg Trakl (UA)
Beethoven: Sinfonie Nr. 3 Es-Dur „Eroica"
Solistin: Lara Venghaus, Sopran

WS 2018/19 Beethoven: Ouvertüre zu *Leonore* Nr. 1 C-Dur
Ouvertüre zu *Leonore* Nr. 3 C-Dur
Ouvertüre zu *Fidelio* E-Dur
Arie der Leonore aus der Oper *Fidelio*
Rachmaninow: Konzert für Klavier und Orchester Nr. 3
d-Moll op. 30
Solisten: Lara Venghaus, Sopran
Jan-Christoph Homann, Klavier

SS 2019	R. Schumann:	Konzert für Violoncello und Orchester a-Moll
	J. Haydn:	Auszüge aus dem Oratorium *Die Schöpfung*
	Beethoven:	Sinfonie Nr. 6 F-Dur „Pastorale"

Solisten: Nikolaos Prevezianos, Violoncello
Lara Venghaus, Sopran,
Johann Penner, Tenor

WS 2019/20	S. Prokofjew:	Konzert für Violine und Orchester Nr. 2 g-Moll op. 63
	W. A. Mozart:	Sinfonie Nr. 40 g-Moll KV 550

Solistin: Julia Parusch, Violine

Aufgrund der Covid-19-Pandemie keine Konzerte im SS 2020, WS 2020/21, SS 2021 und WS 2021/22.

SS 2022	V. Ewald:	Brass Quintet No. 3
	F. Cilea:	Canzoni (Instr. Michael Hoyer)
	G. Puccini:	Canzoni (Instr. Michael Hoyer)
	R. Leoncavallo:	Canzoni (Instr. Michael Hoyer)
	W. A. Mozart:	Sinfonie Nr. 39 Es-Dur KV 543

Solisten: HermannsBlech
Lara Venghaus, Sopran

Aufgrund der Covid-19-Pandemie kein Konzert im WS 2022/23.

SS 2023	G. Verdi:	Arie der Abigaille aus *Nabucco*
		Arie der Amelia aus *Un Ballo in Maschera*
		Arie der Elisabetta aus *Don Carlo*
		Arie der Aida aus *Aida*
	F. Schubert:	Sinfonie Nr. 9 C-Dur

Solistin: Lara Venghaus, Sopran

WS 2023/24	C. M. v. Weber:	Ouvertüre zu „Euryanthe" op. 81
	F. Schubert:	Rondo A-Dur D 438
	M. Reger:	Vier Tondichtungen nach Arnold Böcklin

Solistin: Naira Arzumanyan, Violine
Serhii Arzumanov, Violine

SS 2024   F. Doppler: Fantaisie Pastorale Hongroise op. 26
                A. Dvořák: Sinfonie Nr. 6 D-Dur op. 60
                                        Solistin: Nora Schefler, Flöte

WS 2024/25 M. Hoyer: *Was uns übrig blieb*...für Orchester
               C. Saint-Saëns: Klavierkonzert Nr. 2 g-Moll op. 22
               J. Brahms: Sinfonie Nr. 2 D-Dur
                                        Solist: Jan-Christoph Homann, Klavier

Kammerkonzerte

2010

25.10.10   **Liederabend**

Lara Venghaus, Sopran
Michael Hoyer, Klavier

22.11.10   **Klavierabend**

Jan-Christoph Homann, Klavier

13.12.10   **Kammerkonzert**

Mitglieder des Hochschulorchesters

2011

28.02.11   **Komponistenportrait. Werke von Michael Hoyer**

Mitglieder und Freunde
des Hochschulorchesters

21.11.11   **Kammerkonzert**

Mitglieder des Hochschulorchesters

2012

22.10.12   **Arienabend**

Lara Venghaus, Sopran
Michael Hoyer, Klavier

2013

22.04.13   **Liederabend**

Lara Venghaus, Sopran
Michael Hoyer, Klavier

13.05.13   **Kammermusik für Violine**

Julia Parusch, Violine

17.06.13   **Kammerkonzert**

Gil Shaked Agababa, Klarinette
Pascal Schweren, Klavier

| 21.10.13 | **Klavierabend** |
| | *Jan-Christoph Homann, Klavier* |

11.11.13	**Kammerkonzert**
	Mitglieder des Hochschulorchesters
09.12.13	**J. S. Bach: Weihnachtsoratorium**
	Mitglieder und Freunde
	des Hochschulorchesters

2014

28.04.14	**Kammerkonzert**
	Mitglieder des Universitätsorchesters
19.05.14	**Liederabend**
	Lara Venghaus, Sopran
	Johann Penner, Tenor
	Michael Hoyer, Klavier
20.10.14	**Klavierabend**
	Jan-Christoph Homann, Klavier
17.11.14	**Opernrecital**
	Lara Venghaus, Sopran
	Johann Penner, Tenor
	Michael Hoyer, Klavier
15.12.14	**Weihnachtskonzert**
	Mitglieder und Freunde
	des Universitätsorchesters

2015

20.04.15	**Liederabend**
	Johann Penner, Tenor
18.05.15	**Kammerkonzert**
	Mitglieder des Universitätsorchesters
26.10.15	**Kammermusik für Violine**
	Julia Parusch, Violine
23.11.15	**Kammerkonzert**
	Cellisten des Universitätsorchesters
21.12.15	**Weihnachtskonzert**
	Mitglieder und Freunde
	des Universitätsorchesters

2016

11.01.16	**Klavierabend**	
		Jan-Christoph Homann, Klavier
18.04.16	**Klavierabend**	
		Alexander Jakobidze-Gitman, Klavier
09.05.16	**Kammerkonzert**	
		Kathrin Härtel, Blockflöten
06.06.16	**Opernrecital**	
		Miriam Ludewig, Mezzosopran
		Volker Perret, Bariton
		Michael Hoyer, Klavier
24.10.16	**Liederabend**	
		Lara Venghaus, Sopran
		Michael Hoyer, Klavier
14.11.16	**Kammermusik für Violine**	
		Farida Rustamova, Violine
05.12.16	**Weihnachtskonzert**	
		Posaunenensemble Slide-O-five

2017

09.01.17	**Kammermusik für Violine**	
	(ersetzt durch Recital Lara Venghaus)	
		Julia Parusch, Violine
20.03.17	**Kammerkonzert**	
		Klarinettenensemble Duodezim
22.05.17	**Kammerkonzert**	
		Jussef Eisa, Klarinette
		Eugenia Ottaviano, Violine
		Yan Vaigot, Violoncello
		Alberto Carnevale Ricci, Klavier
12.06.17	**Kammermusik für Violine**	
		Julia Parusch, Violine
16.10.17	**Liederabend**	
		Johann Penner, Tenor
		Michael Hoyer, Klavier
20.11.17	**Klavierabend**	
		Matthias Schneider, Klavier

11.12.17	**Weihnachtskonzert**
	Lara Venghaus, Sopran
	Miriam Ludewig, Mezzosopran
	Michael Hoyer, Klavier

2018

23.04.18	**Kammermusik für Violine**
	Rachel Greschke, Violine
14.05.18	**Kammerkonzert**
	Mitglieder des Universitätsorchesters
18.06.18	**Opernrecital**
	Miriam Ludewig, Mezzosopran
	Volker Perret, Bariton
	Michael Hoyer, Klavier
29.10.18	**Klavierabend**
	Jan-Christoph Homann, Klavier
26.11.18	**Liederabend**
	Lara Venghaus, Sopran
	Michael Hoyer, Klavier
17.10.18	**Weihnachtskonzert**
	Mitglieder und Freunde
	des Universitätsorchesters

2019

29.04.19	**Kammermusik für Violine**
	Jasper Sommer, Violine
	Alexandre Chenorkian, Klavier
27.05.19	**Salontrio**
	Yanyan Kong, Violine
	Peter Schneider, Violoncello
	Zoë Knoop, Harfe
17.06.19	**Opernrecital**
	Lara Venghaus, Sopran
	Michael Hoyer, Klavier
28.10.19	**Kammermusik für Violoncello**
	Mladen Miloradovic, Violoncello
	Alberto Carnevale Ricci, Klavier
25.11.19	**Kammerkonzert**
	Trio Risonanze

16.12.19	**Weihnachtskonzert**

Mitglieder und Freunde
des Universitätsorchesters

2020 *im Livestream*

04.05.20	**Salontrio**

Sebastian Kuleschow, Violine
Peter Schneider, Violoncello
Zoë Knoop, Harfe

11.05.20	**Kammermusik für Violoncello**

Sigurd Müller und Rafael Guevara, Violoncello

18.05.20	**Liederabend**

Lara Venghaus, Sopran
Michael Hoyer, Klavier

25.05.20	**Kammermusik für Violine/**
	Kammermusik für Violoncello

Julia Parusch, Violine
Minja Spasic, Violoncello

08.06.20	**Kammerkonzert**

Blechquintett Hermanns Blech

15.06.20	**Klavierabend**

Jan-Christoph Homann, Klavier

22.06.20	**Kammerkonzert**

Streichquartett Arminioquartett

Repertoire

Ouvertüren:

L. van Beethoven	Ouvertüre zu *Leonore* Nr. 1 C-Dur
	Ouvertüre zu *Leonore* Nr. 3 C-Dur
	Ouvertüre zu *Fidelio* E-Dur
Christoph W. Gluck	Ouvertüre zu *Iphigenie in Aulis*
Charles Ives	*The Unanswered Question*
Louis-Aimé Maillart	Ouvertüre zu *Das Glöckchen des Eremiten*
Pietro Mascagni	Ouvertüre zur Oper *Le Maschere*
Felix Mendelssohn	Ouvertüre zum *Märchen von der schönen Melusine*
	Ouvertüre „Die Hebriden"
W. A. Mozart	Ouvertüre zur Oper *Die Zauberflöte*
	Ouvertüre zu *Così fan tutte*
	Ouvertüre zu *Don Giovanni*
Hans Pfitzner	Drei Vorspiele zur Oper *Palestrina*
Franz Schubert	Ouvertüre zur Oper *Fierrabras*
Robert Schumann	Ouvertüre zur Oper *Genoveva*
P. Tschaikowskij	Fantasie-Ouvertüre *Romeo et Juliette*
Richard Wagner	Ouvertüre zur Oper *Die Feen*
C. M. von Weber	Ouvertüre zur Oper *Euryanthe*

Sinfonische Dichtungen / Suiten

Theodor W. Adorno	*Kinderjahr.* Sechs Stücke aus op. 18 von Robert Schumann
Claude Debussy	Petite Suite (orch. H. Busser)
K. von Dittersdorf	*Die Rettung der Andromeda durch Perseus*
Antonín Dvořák	*Der Wassermann*
	Die Waldtaube
	Slavische Tänze op. 45
	Slavische Tänze op. 46
	Sinfonische Variationen
Gabriel Fauré	Orchestersuite *Pelleas et Melisande*
Zdeněk Fibich	*Am Abend*
César Franck	*Les Eolides*
	La Rédemption
Edvard Grieg	Peer-Gynt-Suite
Sebastian Hoffmann	Romantische Konzertmusik
Arthur. Honegger	*Pastorale d'Eté*
Michael Hoyer	*Was uns übrig blieb ...*
Vincent D'Indy	*Tableau de voyage*
Ernst Krenek	*Elf Transparente* für Orchester
Franz Liszt	*Hamlet*
	Von der Wiege bis zum Grabe
Felix Mendelssohn	Schauspielmusik zu *Ein Sommernachtstraum*
	Sinfon. Dichtung *Die Hebriden*
Olivier Messiaen	*Et exspecto resurrectionem mortuorum*
W. A. Mozart	Deutsche Tänze KV 600
Modest Mussorgskij	*Eine Nacht auf dem kahlen Berge*
Otakar Ostrčil	Kreuzweg-Variationen op. 24
Henry Purcell	Streicher-Fantasien
Max Reger	Variationen über ein Thema von Mozart
	Vier Tondichtungen nach Arnold Böcklin
Ottorino Respighi	Antiche Danze ed Arie, III. Suite für Streichorchester
Renzo Rossellini	*Terra di Lombardia*
Camille Saint-Saëns	Suite algérienne
Arnold Schönberg	Thema und Variationen für Orchester op. 43 b
Robert Schumann	*Carnaval* op. 9 für Klavier solo
Bedřich Smetana	*Die Moldau*
	Tábor
Richard Wagner	Siegfried-Idyll WWV 103

| Anton von Webern | Fuga Nr. 2 aus dem *musikalischen Opfer* von Bach |
| Kurt Weill | *Kleine Dreigroschenmusik* |

Sinfonik

L. van Beethoven | Sinfonie Nr. 2 D-Dur
Sinfonie Nr. 3 Es-Dur („Eroica")
Sinfonie Nr. 4 B-Dur
Sinfonie Nr. 5 c-Moll
Sinfonie Nr. 6 F-Dur („Pastorale")
Sinfonie Nr. 7 A-Dur
Sinfonie Nr. 9 d-Moll

Franz Berwald | *Sinfonie singulière*

Georges Bizet | Sinfonie C-Dur

Alexander Borodin | Sinfonie Nr. 3 a-Moll

Johannes Brahms | Sinfonie Nr. 1 c-Moll
Sinfonie Nr. 2 D-Dur
Sinfonie Nr. 3 F-Dur
Sinfonie Nr. 4 e-Moll
Serenade für Orchester D-Dur op. 11
Variationen über ein Thema von Haydn

Anton Bruckner | Vier Stücke für Orchester

Antonín Dvořák | Sinfonie Nr. 5 F-Dur
Sinfonie Nr. 6 D-Dur
Sinfonie Nr. 7 d-Moll
Sinfonie Nr. 8 G-Dur („Englische")
Sinfonie Nr. 9 e-Moll („Aus der neuen Welt")

César Franck | Sinfonie d-Moll FMV 48

Joseph Haydn | Sinfonie Nr. 22 Es-Dur
Sinfonie Nr. 99 Es-Dur
Sinfonie Nr. 101 („Die Uhr")
Sinfonie Nr. 103 Es-Dur

Paul Hindemith | *Mathis, der Maler*

Gustav Mahler	Sinfonie Nr. 1 D-Dur
	Sinfonie Nr. 4 G-Dur
	Sinfonie Nr. 10 Fis-Dur

Gustav Mahler · · · · · · · · · · Sinfonie Nr. 1 D-Dur
Sinfonie Nr. 4 G-Dur
Sinfonie Nr. 10 Fis-Dur

Felix Mendelssohn · · · · · · · Sinfonie Nr. 1 c-Moll op. 11
Sinfonie Nr. 3 a-Moll („Schottische")

W. A. Mozart · · · · · · · · · · · · Sinfonie Nr. 29 A-Dur KV 201
Sinfonie Nr. 39 Es-Dur KV 543
Sinfonie Nr. 40 g-Moll KV 550
Sinfonie Nr. 41 C-Dur KV 551 („Jupiter")
Serenata notturna D-Dur

Franz Schubert · · · · · · · · · · Sinfonie Nr. 4 c-Moll
Sinfonie Nr. 5 B-Dur
Sinfonie Nr. 8 h-Moll („Unvollendete")
Sinfonie Nr. 9 C-Dur
Sonate B-Dur D 960 (Instr.: M. Hoyer)

Robert Schumann · · · · · · · · Sinfonie g-Moll
Sinfonie Nr. 1B-Dur („Frühlingssinfonie")
Sinfonie Nr. 2 C-Dur
Sinfonie Nr. 3 Es-Dur („Rheinische")
Sinfonie Nr. 4 d-Moll

Louis Spohr · · · · · · · · · · · · Sinfonie Nr. 3 c-Moll op. 78

Instrumentalkonzerte

J. S. Bach	1. Brandenburgisches Konzert
W. F. Bach	Sinfonia für zwei Flöten und Streicher d-Moll
L. van Beethoven	Tripelkonzert C-Dur op. 56
	Konzert für Klavier und Orchester Nr. 1 C-Dur op.15
	Konzert für Klavier und Orchester Nr. 3 c-Moll op. 37
	Konzert für Klavier und Orchester Nr. 5 Es-Dur
	Konzert für Violine und Orchester D-Dur op. 61
	Konzertarie „Ah, perfido!"
Hector Berlioz	Liederzyklus *Nuits d'Eté*
Johannes Brahms	Konzert für Klavier und Orchester Nr. 1 d-Moll op. 15
Ferruccio Busoni	Divertimento für Flöte und Orchester
Domenico Cimarosa	Konzert für zwei Flöten und Orchester
Francesco Cilea	Canzoni (Instr.: M. Hoyer)
Franz Doppler	Konzert für zwei Flöten
	Fantaisie Pastorale Hongroise op. 26
Antonín Dvořák	Violinkonzert a-Moll op. 53
Edward Elgar	Konzert für Violoncello und Orchester e-Moll op. 85
Eric Ewazen	Konzert für Bassposaune und Orchester
Gabriel Fauré	Élégie für Violoncello und Orchester
	Fantasie pour Flute e Piano (orch. M. Hoyer)
Alexander Glasunow	Konzert für Violine und Orchester a-Moll
Edvard Grieg	Konzert für Klavier und Orchester a-Moll
Joseph Haydn	Konzert für Trompete und Orchester Es-Dur Hob. VIIe
	Konzert für Violoncello und Orchester D-Dur op. 101
	Konzert für zwei Hörner und Orchester Es- Dur
Franz A. Hoffmeister	Konzert für Viola und Orchester D-Dur
Arthur Honegger	Konzert für Violoncello und Orchester
Michael Hoyer	Lieder für Sopran und Orchester (UA)
Jan Koetsier	Konzert für 4 Posaunen und Orchester
Édouard Lalo	Konzert für Violoncello und Orchester d-Moll
Ruggero Leoncavallo	Canzoni (Instr.: M. Hoyer)
Franz Liszt	Konzert für Klavier und Orchester Nr. 1 Es-Dur
	Konzert für Klavier und Orchester Nr. h-Moll

Gustav Mahler	Lieder aus *Des Knaben Wunderhorn* Kindertotenlieder Lieder eines fahrenden Gesellen Das Lied von der Erde Fünf Orchesterlieder
Felix Mendelssohn	Konzertstück für Klarinette, Bassetthorn und Orchester f-Moll
Darius Milhaud	Dixtuor à vent, Rhapsodie für Klarinette und Orchester
W. A. Mozart	Konzert für Horn und Orchester Nr. 2 Es-Dur KV 417 Konzert für Klavier und Orchester Es-Dur KV 482 Sinfonie concertante für Violine, Viola und Orchester KV 364
Modest Mussorgskij	Liederzyklus *Ohne Sonne*
Ildebrando Pizetti	Konzert für Klavier und Orchester
Sergej Prokofjew	Konzert für Violine und Orchester Nr. 2 g-Moll op. 63
S. Rachmaninow	Konzert für Klavier und Orchester Nr. 2 c-Moll op. 18 Konzert für Klavier und Orchester Nr. 3 d-Moll op. 30
Camille Saint-Saëns	Introduction et Rondo Capriccioso Klavierkonzert Nr. 2 g-Moll op. 22
Dmitrij Šostakovič:	Konzert Nr. 1 für Klavier, Trompete und Streichorchester op. 35 Konzert für Violoncello und Orchester Nr. 1 Es-Dur op. 107
Robert Schumann	Konzert für Violoncello und Orchester Konzert für Klavier und Orchester a-Moll
Louis Spohr	Konzert für Violine und Orchester Nr. 8 a-Moll
Itai Sobol	Konzert für Klarinette und Orchester (UA)
Carl Stamitz	Konzert für Klarinette und Orchester Nr. 3 B-Dur
Franz Strauss	Konzert für Horn und Orchester Nr. 1 c-Moll
Richard Strauss	Konzert für Oboe und kleines Orchester
P. Tschaikowskij	Konzert für Violine und Orchester D-Dur op. 35 Konzert für Klavier und Orchester Nr. 1 b-Moll op. 23
Antonio Vivaldi	Doppelkonzert für zwei Violoncelli g-Moll

C. M. von Weber Konzert für Klarinette und Orchester Nr. 2 Es-Dur
op. 74
Concertino für Klarinette und Orchester Es-Dur
op. 26
Konzert für Fagott und Orchester

Bläserensemble

Johannes Brahms   Fest- und Gedenksprüche (bearb. für Blechbläser)
Fernand Desprez   "Triptique pour 3 trombones"
Antonín Dvořák   Serenade für Bläser, Violoncello und Kontrabaß
     d-Moll op. 44
Victor Ewald   Brass Quintet No. 3
Giovanni Gabrieli   Sonata pian' e forte Ch. 175 / Nr. 33
Charles Gounod   Petite Symphonie
W. A. Mozart   Serenade B-Dur KV 361 für 12 Blasinstrumente
     und Kontrabaß
Richard Strauss   Suite B-Dur für 13 Blasinstrumente op. 4
     Sonatine für Bläser „Aus der Werkstatt eines In-
     validen"

Oper

L. van Beethoven   Ausschnitte aus *Fidelio*
Georges Bizet   Ausschnitte aus *Carmen*
W. A. Mozart   *Die Zauberflöte*
     Ausschnitte aus *Don Giovanni*
     Ausschnitte aus *Coìì fan tutte*
Giuseppe Verdi   *La Traviata*
     Ausschnitte aus *Nabucco*
     Ausschnitte aus *Un Ballo in Maschera*
     Ausschnitte aus *Don Carlo*
     Ausschnitte aus *Aida*
C. M. von Weber   *Der Freischütz*
     Zwischentaktmusik aus *Die drei Pintos* (Bearb.
     Gustav Mahlers)

Oratorium

Joseph Haydn   Auszüge aus *Die Schöpfung*
Giovanni Palestrina   Improperium (Instr. Michael Hoyer)
W. A. Mozart   Requiem d-Moll KV 626

Solistinnen und Solisten

Flöte	Fehre, Frauke
	Kapka, Magdalena
	Schefler, Nora
Oboe	Möller, Claudia
Klarinette	Bunselmeyer, Frank
	Gößling-Eckey, Wilhelm
	Krümpelmann, Heinz-Willi
	Shaked-Agababa, Gil
	Willmann, Elisabeth
Fagott	Müller, Nicolas
Horn	Fuder, Michael
	Greabeiel, Joan
	Hall, Laura
	Pohlmann, Sven
	Welpmann, Hartmut
Trompete	Knoke, Hans-Joachim
	Petkov, Miroslav
Posaune/Blech	Krüger, Matthias
	Posaunenensemble „Slide-O-five"
	HermannsBlech
Violine	Arzumanyan, Naira
	Arzumanov, Serhii
	Cho, Jieun (Trio Piast)
	Kramer, Jörg
	Marques, Maria Inês Ribeiro
	Noltensmeyer, Claudia
	Parusch, Julia
	Sturm, Tobias
	Wagemann, Rolf
	Wagner, Udo
Viola	Kraaz, Andreas

Violoncello	Becker, Michael
	Dwars, Inken
	Eikmeier, Corinna
	Guevara, Rafael
	Haack, Stephan
	Kim, Min-A (Trio Piast)
	Krahmann, Svea
	Prevezianos, Nikolaos
Klavier	Choi, Jin Hwa (Trio Piast)
	Hesse, Inge
	Höffkes, Ludger
	Holtmann, Heidrun
	Homann, Jan-Christoph
	Köhring, Manuel
	Kommerell, Heidi
	Matthies, Silke-Thora
	Schröder, Johann
	Turowsky, Jörg
Gesang	Chen, Hongyu
	Dewald, Myriam
	Diouf, Bineta
	Heißenberg, Birte
	Husmann, Julia
	Kamp, Martina
	Kapka, Magdalena
	Neuweiler, Ulrich
	Penner, Johan
	Perret, Volker
	Pieck, Bettina
	Pilgrim, Sebastian
	Rathjen (später Tiedemann), Eike
	Schlestein, Maria
	Tonsen, Antje
	Venghaus, Lara
	Vilsone, Margarita
	Vinke, Stephan
	Wasen, Regine
	Werle, Anna
	Wetzlich, Markus
	Wynarski, Daniel

RUDOLF-AUGUST OETKER
STIFTUNG

Markus Lage
Geigenbaumeister

Reparatur · Handel · Neubau · Saiten · Zubehör

Paulusstrasse 17   33602 Bielefeld   Fon 0521-6 84 88

info@geigenbau-lage.de   www.geigenbau-lage.de

Öffnungszeiten:

Di-Fr 14:30-18:00 Uhr I Montags geschlossen
Vormittags und Samstags nach Vereinbarung